BIOGRAPHIE

DE

M. LOYE

ANCIEN SOUS-PRÉFET DE SAINT-DIÉ

PAR

E. LAHACHE

Juge de Paix à Xertigny

PUBLIÉE PAR L'AUTEUR

Par J.-P. GEORGE, de Charmois-devant-Bruyères

EPINAL

Imprimerie de L. FRICOTEL

1868

BIOGRAPHIE

DE M. LOYE

ANCIEN SOUS-PRÉFET DE SAINT-DIÉ

Il est des hommes dont on doit chercher à perpétuer le souvenir, afin que leur vie serve de modèle aux autres et d'encouragement à ceux qui se sentent fléchir dans la voie du bien. M. Loye fut un de ces hommes.

Je n'entreprends pas son éloge après sa mort, d'autres l'ont fait pendant sa vie ; cette tâche serait d'ailleurs l'œuvre d'un littérateur, et je ne pourrais m'en acquitter convenablement.

Je veux seulement retracer les principaux faits de sa longue carrière, montrer ses actes les plus importants, rapporter les paroles qu'il a prononcées dans les circonstances remarquables où il a figuré, et rappeler ce qu'ont dit de lui, les personnes dignes de foi qui le connaissaient le mieux.

J'entrerai dans beaucoup de détails puérils en apparence, ou sans intérêt pour les étrangers ; mais les nombreux héritiers de M. Loye qui, pour la plupart, ne l'ont pas connu, les conserveront comme de précieux souvenirs de famille, et ses compatriotes les apprendront comme une page intéressante de l'histoire de leur pays.

Les pièces authentiques que j'ai lues seront mes seuls guides dans ce récit comme dans les conséquences que je tirerai des faits qui le composent.

Jean-Baptiste Loye naquit à Bruyères, le 17 septembre 1777. Son père, Claude Loye, était fils de Nicolas Loye et d'Anne Colin, d'Aydoiles ; sa mère, Marie-Barbe Moulin, était l'une des cinq enfants de Jean-Nicolas Moulin et de Marie Lecomte, de Charmois-le-Roulier.

Après leur mariage, qui fut célébré à Charmois le 18 janvier 1760 par un capucin de Bruyères, Claude Loye et Marie-Barbe Moulin habitèrent Aydoiles, où ils eurent, le 22 février 1762, un fils du nom de Nicolas qui vécut jusqu'en 1780. En 1765, Claude Loye acquit un office d'huissier au bailliage de Bruyères, et alla habiter cette ville ; il y eut quatre autres enfants : Marguerite, née le 16 mars 1763, mourut en 1770, Marie-Anne ne vécut que 15 jours et mourut le 8 septembre 1770 ; Marie-Françoise, née le 29 novembre 1771, il en sera parlé ci-après ; enfin Jean-Baptiste, dont nous allons retracer l'histoire.

Claude Loye vendit son petit patrimoine d'Aydoiles, pour payer le prix de son office, dont le produit était bien minime ; sa femme était *fournière*, c'est-à-dire qu'elle exploitait un four, dans lequel les particuliers, moyennant rétribution, allaient faire cuire le pain et la pâtisserie qu'ils avaient préparés chez eux.

Jean-Baptiste Loye se distinguait dans son bas-âge par sa timidité et par son amour pour le calme et la solitude ; sa mère l'engageait vainement à prendre part aux jeux des enfants de ses voisins, il ne s'y plaisait pas.

Il montra une aptitude précoce pour les travaux de l'intelligence, mais ses parents ne purent faire les sacrifices nécessaires à son instruction. Il fréquenta pendant quelques mois d'hiver seulement l'école communale ; il y fit des progrès rapides; car, dès le mois de janvier 1790, il fut admis comme employé au greffe du tribunal de Bruyères, où il resta jusqu'au 17 novembre 1796.

A cette époque, Claude Loye, devenu infirme à la suite d'une chute, ayant résigné ses fonctions d'huissier, fut nommé secrétaire de l'administration municipale de Bruyères au traitement annuel de 450 francs, et son fils Jean-Baptiste lui fut adjoint comme commis avec un traitement annuel de 300 fr.

Dans cet emploi, le jeune Loye rédigea le compte historique, politique et pécuniaire de la gestion de l'administration municipale depuis le 15 novembre 1795, jour de son installation, jusqu'au 20 avril 1798. Ce travail valut à la municipalité de Bruyères les félicitations de l'administration centrale d'Epinal.

Les certificats délivrés à Loye par MM. Collet, greffier du district, Claudel, notaire, et par les administrateurs de Bruyères en séance municipale, attestent sa conduite honnête et probe, à l'abri de tout reproche ; ils font l'éloge de son zèle, de son assiduité et de son intelligence qui lui méritèrent l'estime et le regret de ses patrons.

Conscrit en 1798, il dut, comme tant d'autres, payer sa dette à la patrie ; à peine incorporé à Epinal au 1er bataillon auxiliaire des Vosges, il était apprécié par son chef d'escadron comme un jeune homme doué de toutes les qualités nécessaires pour acquérir l'estime de ceux qui le connaissaient ; ce sont les expressions de cet officier répondant aux administrateurs de Bruyères, qui lui avaient demandé une permission de quinze jours en faveur de Loye dont ils avaient besoin pour lui faire terminer des travaux commencés avant son départ. Mais alors les connaissances du jeune soldat étaient déjà utilisées dans le bureau du quartier-maître de son bataillon et le congé demandé pour lui ne fut pas accordé.

Il fut nommé sergent à Epinal le 28 août 1799, quitta cette garnison deux mois après, séjourna quatre jours à Bruyères et alla rejoindre son bataillon à Landau.

L'année suivante, il traversa l'Alsace et la Suisse, pour se rendre en Savoie, en Lombardie et en Italie. Il était à Chambéry le 30 juillet 1800, à Turin le 9 août, à Magenta le 14, à Milan le lendemain. Il serait trop long et il est inutile de rapporter en détail les lieux où s'est trouvé Loye, en Italie, avec sa demi-brigade, devenue le 29ᵉ régiment d'infanterie de ligne ; il suffira de dire qu'il tint successivement garnison à Bologne et à Turin en 1802 ; en 1803 et en 1804 à Alexandrie, où il fut nommé sous-lieutenant le 5 octobre 1803 ; à Gênes et à la Spezzia en 1804 ; à Chuti, où il fut promu au grade de quartier-maitre sous lieutenant le 29 mars 1805.

Il nous a conservé le journal exact et détaillé qu'il avait tenu de son itinéraire depuis sa sortie de Bruyères le 8 août 1797, jusqu'au 7 septembre 1803 : il en résulte que, dans cette période de six années, il a été dans une centaine de villes, sept fois à Bologne, six fois à Modène, cinq fois à Forli et à Imola, quatre fois à Pesaro, à Parme, à Reggio, à Turin, à Ceséna, etc., etc.

On voit quel soin minutieux il apportait déjà dans ses affaires personnelles. Son économie égalait l'ordre qu'il mettait dans tous ses actes ; ces deux vertus marchent ordinairement de front et se soutiennent réciproquement. Du mois de janvier 1800 au 6 avril 1806, Loye fit 48 envois d'argent à Bruyères, montant ensemble à 4220 fr., dont une partie fut employée aux besoins de son père et de sa mère devenus vieux, et de sa sœur Françoise sans fortune, et l'autre partie fut placée en rente par les soins de Mᵉ Batremeix, notaire à Bruyères.

En 1807, Loye, étant en garnison à Ancône, fut chargé d'une mission à Rome ; il y arriva le 16 février et s'empressa de l'annoncer à sa famille : « Il est heureux, dit-il dans sa lettre, de voir ce qu'il y a de plus beau au monde : la basilique de St Pierre, celle de St-Jean-de-Latran, celle de St-Paul, celle de Ste-Marie-Majeure, etc.; d'être dans l'ancienne capitale du monde, de fouler le sol des Brutus, des Caton, des Scipion ; il désire voir le pape qu'il appelle le plus brave homme de la terre, très-aimé dans Rome. » Il n'eut plus longtemps le bonheur de faire part de ses impressions de voyage et de la vie militaire à ses parents : sa mère mourut le 28 février 1808 à l'âge de 63 ans, et son père le 15 juin suivant, âgé de 75 ans. Il ne resta dès lors à Loye pour toute famille que sa sœur Marie-Françoise, couturière à Bruyères ; elle continua d'habiter la maison paternelle, et, grâce aux sommes que continuait de lui envoyer le jeune officier, elle fut à l'abri du besoin.

Au mois de décembre 1809, Loye fut, sur la présentation de son major, nommé lieutenant par M. le Ministre de la Guerre, pour prendre rang du 9 février 1808.

Au commencement de l'année 1810, l'officier-payeur des bataillons de guerre du 29e régiment s'étant enfui, laissant à la caisse un déficit de 10,000 florins (26,000 fr.) de la banque de Vienne, M. le Ministre de la guerre décida, sur la proposition du conseil d'administration, que Loye quitterait le dépôt alors à Asti, en Piémont, pour aller en Istrie régler la comptabilité du déserteur. Il s'acquitta de cette mission délicate à la satisfaction de ses chefs.

Par décret impérial du 17 décembre 1811, il fut élevé au grade de quartier-maître capitaine. M. Collignon, inspecteur aux revues, attestait par écrit le 10 octobre 1815, que Loye réunissait aux connaissances nécessaires à ses fonctions une grande facilité dans le travail ; il se plaisait à rappeler son zèle, son intelligence, son activité, et à le citer comme un des meilleurs quartiers-maîtres de l'armée. Pour mériter cet éloge d'un officier supérieur, il fallait que tout le travail si compliqué de la comptabilité militaire fut bien tenu par Loye ; ce n'était pas peu de chose : qu'on se figure un officier d'état-major chargé du logement, du campement, des subsistances, de la caisse et de la comptabilité d'un corps de troupes ; telles étaient les attributions ordinaires de Loye, mais elles n'étaient pas les seules : lorsque le corps se trouvait hors du territoire de l'Empire, ce qui arrivait fréquemment dans ces temps où l'armée française tenait garnison dans toute l'Europe continentale, le quartier-maître d'un ou de plusieurs bataillons ou escadrons remplissait, en outre les fonctions d'officier de l'état civil, conformément aux dispositions des articles 89 à 96 du code Napoléon.

Les importantes fonctions de quartier-maître sont aujourd'hui et depuis 1816 remplies par le capitaine trésorier et par son adjoint; ce dernier grade n'existait pas sous le premier empire ; en route et en campagne, l'adjoint est chargé du logement, des subsistances, de la rédaction des actes de l'état civil, le trésorier ne quitte pas le dépôt.

L'officier Loye ne fut donc pas un homme d'épée ; il ne put se signaler sur aucun champ de bataille par son sang-froid, par son audace ni par son intrépidité à l'attaque ou à la défense contre l'ennemi ; son rôle moins éclatant, plus modeste, fut aussi utile. Il fit les campagnes de 1800, 1801, 1802, 1806, 1807, 1808 et 1809 à l'armée d'Italie. A dater de cette dernière époque, son régiment fit partie de la grande armée, dont il fit les campagnes en 1810, 1812, 1813 et 1814. Il se trouvait à Valenciennes dans les premiers mois de 1815, il fut nommé chevalier de la Légion d'honneur par l'empereur Napoléon Ier, le 29 mai suivant; mais le désastre de Vaterloo qui arriva trois semaines après et qui entraina la déchéance du grand homme ne permit pas le maintien de cette nomination.

Dans ces jours d'infortune pour l'armée française, Loye se retira avec son régiment à Poitiers, puis à Toulouse ; il n'y resta pas inactif : il rendit la comptabilité de son corps de la manière la plus satisfaisante, et le sous-inspecteur aux revues certifiait, le 30 mars 1816, que la bonne administration du 29e régiment était due en grande partie à l'esprit d'ordre et aux talents distingués du quartier-maître qui le portaient au premier rang des comptables.

Le lendemain Loye ayant entièrement terminé ses comptes et fait la remise des archives fut autorisé à se retirer dans ses foyers, à Bruyères, avec jouissance du traitement accordé aux officiers de son grade en non activité, mais susceptibles d'être remis en activité de service.

Il sortit de Toulouse dans les premiers jours d'avril 1816, se rendit à Paris où il obtint décharge de sa gestion et revint à Bruyères habiter avec sa sœur la maison qu'il y avait achetée quelques années auparavant.

C'est ainsi qu'il quitta le 29ᵉ régiment de ligne, où il avait toujours servi depuis sa création ; ce régiment porte sur son drapeau les grands noms de Valmy, de Caldiéro, de Raab, de Wagram. Qu'allait-il devenir dans ces jours de tristesse où la gloire impériale se voilait de deuil devant l'occupation étrangère ?

Loye se fit aimer au service militaire ; il s'y fit aimer et estimer à un haut degré de tous ceux qui l'y connurent. Parmi les officiers supérieurs avec lesquels il conserva des relations, on doit citer M. le maréchal de camp baron Billard, M. d'Adhémar et M. Rousselat, anciens colonels du 29ᵉ régiment de ligne, l'inspecteur Verdun, les officiers Berriat, Pierre, etc. Il faut lire les lettres qu'ils écrivaient à leur bon camarade Loye, pour se faire une idée des sentiments d'estime et d'attachement qu'ils avaient pour lui : on dirait, à les entendre, qu'il est leur frère dont l'absence leur est pénible ; ils veulent continuer par la correspondance l'intimité qui s'est établie entre eux et lui, ils l'invitent à leur faire visite ; chacun d'eux lui offre une chambre, un lit et bonne mine d'hôte ; il rend heureux, disent-ils, ceux qui l'entourent. A peine est-il en disponibilité, qu'ils se le disputent pour l'avoir sous leurs ordres. M. le baron Billard veut être son inspecteur, M. Verdun le propose pour l'emploi de trésorier des dragons de la Seine qui sont dans son inspection. M. Loye lui répond : « Je ne suis pas du tout écuyer : j'eusse fait un fort mauvais dragon, mon arme est l'infanterie, et je ne suis bien à cheval que sur les règlements. » M. d'Adhémar le demande pour major à M. le ministre de la guerre. Aucun de ces grades ne devait être conféré à Loye ; on connaissait trop bien les grands services qu'il avait rendus étant quartier-maitre. La Restauration, comme l'Empire, avait besoin de bons administrateurs; elle lui réserva la direction de la comptabilité d'une légion dans le remaniement général qui s'opérait alors. Le 9 octobre, il fut nommé par le Roi à l'emploi de capitaine-trésorier dans la légion du département de la Haute-Saône, qu'il alla rejoindre à Montbrison. Au mois d'avril suivant, il sollicita un congé d'un mois pour se rendre à Bruyères, où l'appelait le règlement de quelques affaires d'intérêt; il l'obtint sur le rapport du sous-inspecteur aux revues, portant que la comptabilité du corps était parfaitement au courant, tenue avec l'ordre, l'exactitude et la délicatesse qui caractérisaient M. Loye. Le 9 septembre 1817 il fut confirmé membre de la Légion d'honneur pour prendre rang du 15 avril 1814, date de sa nomination provisoire par M. le duc de Berry.

Dans son nouveau poste de trésorier, Loye se distingua toujours, comme sous l'Empire, par l'ordre et le travail; il tint successivement garnison à Montbrison, Lyon, Vesoul.

En 1819, le mauvais état de sa santé l'obligea à demander un congé de trois mois, pendant lequel il fut nommé chevalier de l'ordre de Saint-Louis, par une ordonnance royale du 18 octobre; il prêta serment en cette qualité, le 6 décembre suivant, à Bruyères, entre les mains de M. le chevalier d'Emeric, maire de cette ville.

L'ordre de Saint-Louis, institué en 1693 par Louis XIV, pour récompenser les militaires catholiques de son armée qui avaient servi sur mer ou sur terre, comme officier pendant dix ans, a été supprimé par ordonnance royale du 10 février 1831.

Les titulaires en sont donc aujourd'hui fort rares et très âgés; il peut être intéressant de rappeler ici le cérémonial peu connu de la réception d'un officier dans cet ordre, par un prince de la famille royale ou par son délégué. Celui-ci lisait au nouveau chevalier, qui l'entendait à genoux, la formule de serment ainsi conçue : « Je « jure et promets de vivre et mourir dans la religion catholique, « apostolique et romaine, d'être fidèle au roi, de ne me départir « jamais de l'obéissance qui lui est due, et à ceux qui commandent « sous ses ordres; de garder, défendre, soutenir de tout mon pou-

« voir l'honneur de Sa Majesté, son autorité, ses droits et ceux de
« de la couronne, envers et contre tous ; de ne quitter jamais le
« service du Roi, n'y d'aller à celui d'aucun prince étranger sans
« la permission et l'agrément par écrit de Sa Majesté ; de révéler
« au Roi tout ce qui viendra à ma connaissance contre sa personne
« et son état ; de garder exactement les statuts de l'ordre royal et
« militaire de Saint-Louis ; de me comporter en tout dans ledit
« ordre comme un bon, sage, vertueux et vaillant chevalier. »
L'officier répondait : « Je le jure. » Après quoi le prince tirait son
épée, en frappant un coup de plat sur chaque épaule du nouveau
chevalier et prononçait la formule de réception suivante : « D'après
« votre serment, et en vertu des pouvoirs que j'ai reçus du Roi,
« de par Saint-Louis je vous fais chevalier ! »

Il ne manquait à cet ordre que d'être, comme l'ordre impérial
de la Légion d'honneur, accessible à tous les grades de l'armée
et aux fonctions civiles, en un mot d'être le prix des actions d'éclat, des longs services et des grands dévouements dans toutes les
classes de la société.

En même temps que Loye était comblé des honneurs d'une double décoration, en récompense de ses bons services, il se sentait
atteint d'infirmités contractées par une vie trop sédentaire, et des
douleurs rhumatismales lui firent un devoir de demander une prolongation de son congé, puis de solliciter en 1820 la liquidation de
sa pension de retraite, qui lui fut accordée par une ordonnance
royale du 14 juin de la même année. Il comptait alors près de 21
années de services militaires et 11 campagnes.

Ce fut avec peine et regret que les membres du conseil d'administration de sa légion le virent retenu loin d'eux par la maladie
dans la nécessité de solliciter sa mise à la retraite ; ils le recommandèrent aux bontés de M. le ministre de la guerre et à la bienfaisance royale pour la fixation de sa pension. Comme en 1816, il
rendit en 1820 un compte exact de sa gestion, de l'état de sa

caisse ; il quitta définitivement le service militaire, et le bonheur de sa sœur Françoise fut désormais assuré.

Voici un extrait de la lettre d'adieu que lui écrivait de Strasbourg son colonel M. le marquis de Goulet, à la date du 12 septembre 1820 : « Il est pénible pour vous, mon cher Loye, d'avoir
« été arrêté à 45 ans par une maladie aussi longue et aussi tenace
« dans une carrière que vous avez parcourue avec tant de distinc-
« tion ; avec vos talents en administration, votre conduite et la
« parfaite estime de vos chefs, il était impossible que vous n'ayez
« pas fini par obtenir un avancement, justement mérité. Puisse,
« mon cher Loye, la certitude d'avoir emporté avec vous les regrets
« et l'estime de vos chefs, de vos camarades et la mienne en parti-
« culier, être de quelque poids auprès de vous, pour vous aider
« à supporter cette oisiveté toujours pénible après une grande ac-
« tivité. Comptez sur les sentiments et sur les vœux que je forme
« pour que vous retrouviez le premier des biens : une bonne
« santé, et ne doutez jamais de tout l'intérêt que je ne cesserai
« jamais de prendre à votre bonheur.

« Adieu, mon cher Loye, pensez quelquefois à un corps où vous
« êtes aimé et regretté, et comptez sur mon sincère attachement.

« Le colonel, marquis DE GOULET. »

Peu de temps après sa rentrée dans ses foyers, le 29 septembre 1820, M. Loye fut nommé maire de la ville de Bruyères, en remplacement de M. le chevalier d'Emeric, démissionnaire. Le 1er octobre suivant, il prêta serment, fut installé dans ses fonctions et prononça en séance municipale l'allocution suivante :

« Messieurs les officiers municipaux, en acceptant les fonctions
« de maire de cette ville, j'ai compté sur votre bienveillance et sur
« vos lumières pour guider mon inexpérience dans l'exercice des
« fonctions si différentes de celles que je viens de quitter. J'ose
« espérer que vous ne me les refuserez pas ; j'ose espérer, de
« plus, que nous travaillerons de concert avec vigilance et avec

« zèle au bien public et au soutien des intérêts de nos administrés.
« En mon particulier, plus je sentirai mon insuffisance, plus je fe-
« rai d'efforts pour lui opposer sans cesse des intentions droites,
« un ardent amour de l'ordre et de la justice, une activité qui ne
« se lasse d'aucun obstacle, une volonté forte dans l'exécution des
« lois, un dévouement sans bornes au gouvernement ; en un mot,
« je tâcherai de justifier, le mieux qu'il me sera possible, un
« choix qui m'honore si éminemment, et j'apporterai tous mes
« soins à remplir mes devoirs avec exactitude, sans partialité, sans
« acception de personne, à mériter votre confiance et surtout à
« faire aimer le Roi, sa famille et son auguste dynastie, à laquelle
« sont si intimement liés la tranquillité et le bonheur de la France.
 « En faisant ainsi, devant vous, Messieurs, ma profession de foi,
« je prends l'engagement sacré d'en pratiquer les principes avec
« toute la fermeté dont je puis être capable. »

Ce discours, dans la bouche de M. Loye, n'était pas une vaine formule ; il révèle toute sa pensée et toutes ses intentions ; nous verrons si ce programme a été ponctuellement suivi, fidèlement exécuté.

A la réception du procès-verbal d'installation de M. Loye, M. le préfet des Vosges le félicita des sentiments par lui exprimés, s'applaudit de le voir chargé des fonctions de maire de Bruyères, auxquelles il était appelé par l'estime et la confiance de ses compatriotes.

En entrant à la mairie, M. Loye trouva des conseillers expérimentés et pour la plupart en fonctions depuis longtemps ; il y trouva M. Henry, secrétaire, qui avait remplacé Claude Loye, son père, le 19 août 1800, et qui sera pour le nouveau maire un auxiliaire très utile pendant toute son administration. Il est à propos de faire connaître aussi en peu de mots la situation, à cette époque, de la ville de Bruyères et de son territoire. Cette petite ville, bâtie au pied d'un antique château, sur un plateau à cinq cents mètres au-dessus du niveau de la mer, entre le bassin de la Mortagne, affluent de la Meurthe, et celui de la Vologne, affluent de la Moselle, tire à grands frais les eaux qui lui sont nécessaires de la forêt de Boremont, située à l'est, à une distance de trois kilomètres; elle a pour horizon au nord et à l'ouest d'autres forêts communales et au sud-ouest la vallée de la Vologne, qui descend à Docelles.

En 1820, aucun des chemins qui conduisaient à Bruyères n'était en bon état de viabilité; ils étaient étroits, montueux et très souvent obstrués en temps de pluie et d'orage par les sables qui descendaient des montagnes de Hellédré, de Bucmont, de Fouchon, de Poinhet et d'Avison, alors incultes et arides, ne produisant que le pauvre arbuste qui a sans doute donné son nom à la ville. M. Loye, devenu maire, s'occupa de la conduite des eaux des fontaines publiques, prit l'initiative de l'agrandissement du cimetière, du pavage du chemin de Grandvillers, aujourd'hui route n° 6.

En 1821, il interdit les bals qui se tenaient à Bruyères les jours de foire et dont l'abus, dit-il avec raison, est une source de corruption pour la jeunesse, lui donne le dégoût des occupations utiles et occasionne des dépenses qui, souvent, sont faites avec des fonds destinés à toute autre chose.

Il réglementa les bals du dimanche, fit attribuer aux pauvres un quart de leur recette brute, défendit les jeux nocturnes dans les débits de boissons et prit des arrêtés municipaux concernant la tenue de ces établissements, les divertissements du carnaval, la grande et la petite voirie et la fête patronale. Il réprima les anticipations commises sur les terrains communaux, demanda le prolongement du pavé aux deux extrémités de la ville, et, pour prévenir les incendies, prescrivit la visite des fours, des cheminées, des poêles, des fourneaux et des lanternes ; accorda un délai de huitaine pour les réparer et les mettre en état, après quoi il fit procéder à une seconde visite et verbaliser contre les contrevenants.

Le 10 juillet 1821, il fut renouvelé maire, et M. Claudel, son

adjoint, lui adressa les paroles suivantes, en le réinstallant, le 22 du même mois, en présence des membres du conseil municipal :
« Je n'ai jamais senti aussi fortement le prix de l'instruction qu'au« jourd'hui, que je suis chargé par la loi de vous réinstaller maire
« de la ville de Bruyères. La difficulté d'exprimer mes sentiments
« me peine infiniment, et cependant mon cœur me dit bien des
« choses. Sans crainte d'être démenti par la grande majorité, pour
« ne pas dire la totalité des habitants de la ville, je vous dirai que
« c'aurait été pour eux un jour de deuil si j'avais eu ordre d'ins« taller un nouveau maire. Dans le peu de temps que vous avez
« exercé vos fonctions aussi droites et bien suivies, tous les obsta« cles ont fui devant vous ; les personnes les moins attentives ont
« reconnu en vous un père de la ville qui, ne faisant acception de
« personne, a toujours à la main la balance de la justice. Nous
« sommes surchargés d'impôts municipaux, et nous sommes sûrs
« d'avance que l'ordre et l'économie que vous savez employer par« tout nous feront jouir d'une diminution dans les octrois. »

A cette époque les bureaux de bienfaisance étaient centralisés au chef-lieu du canton ; ceux des communes étaient bureaux auxiliaires ; M. Loye dut demander les comptes de leur administration à plusieurs receveurs de ces établissements ou à leurs héritiers qui avaient négligé de les rendre; quelques-uns étaient très arriérés, il en pressa la reddition, l'obtint avant la fin de l'année, et prit en faveur des pauvres les garanties nécessaires pour le paiement des reliquats dûs par les comptables.

En 1822, il fit assurer contre l'incendie les édifices communaux et décider le boisement des montagnes incultes. A peine ces mesures de bonne administration étaient-elles prises qu'un sinistre épouvantable éclata à Bruyères : le 6 juillet 1822, vers midi et demi, un incendie, causé par un accident, s'y manifesta chez un boulanger avec tant de violence que nuls secours ne purent en arrêter les progrès ; il faisait très chaud, la sécheresse durait depuis plusieurs semaines. En moins de trois heures, le quartier de la ville qui entourait la place Stanislas et le faubourg du Lavoir furent embrasés ; trente-huit habitations furent détruites, avec tout le mobilier et les provisions qu'elles renfermaient ; huit maisons seulement étaient assurées; cent une familles, composées de trois cent soixante-neuf individus victimes de ce funeste événement, furent sans asile et, à peu d'exceptions près, dans le plus grand dénuement. Heureusement personne n'avait péri.

Le maire de Bruyères se mit à la hauteur d'une aussi rude épreuve ; il instruisit sur-le-champ M. Boula de Coulombiers, préfet des Vosges, de l'étendue du malheur qui venait de frapper un sixième de ses administrés, et, par une circulaire du 8 juillet, ce digne magistrat autorisa, conformément à la demande de M. Loye, des souscriptions immédiates dans toutes les communes du département.

Les pertes étaient considérables ; elles furent évaluées à 164,056 fr., dont 110,181 fr. en bâtiments et 55,875 fr. en mobilier et denrées. L'activité, les démarches et le dévouement de M. Loye ne connurent pas de bornes pour venir en aide aux victimes de l'incendie; il fit appel à la générosité et à la pitié de tous ceux qu'il savait pouvoir les soulager ; il porta avec succès ses demandes jusqu'aux membres de la famille royale; tous répondirent à son appel ; il ne manqua pas de leur témoigner sa gratitude, il publia leurs bienfaits. Au mois d'avril il fit, sous forme d'adjudication aux incendiés, une distribution de linge, d'effets mobiliers, de provisions et de denrées provenant des dons de leurs concitoyens et des habitants des communes voisines de Bruyères. Par arrêté du 11 septembre, M. le Préfet accorda à tous les propriétaires des bâtiments incendiés, sans exception, et pour les reconstruire, des bois de devis évalués à 24,600 francs dans la forêt domaniale de Bois-de-Champ, arrondissement de St Dié, dont les habitants de Bruyères étaient usagers.

Le 20 du même mois, l'administration municipale, présidée par M. Loye, distribuait aux incendiés, qui n'avaient pas les moyens de se relever de leurs pertes, le produit des collectes faites dans le département des Vosges et à Paris, s'élevant ensemble à 36,067 francs 25 centimes. Huit d'entre eux seulement ne prirent aucune part dans cette faveur; ils se trouvaient, soit en état de réparer leurs dommages, ou ils furent suffisamment indemnisés par l'assurance, ou enfin ils renoncèrent volontairement à l'indemnité qui leur était offerte.

M. Valentin de la Pelouze, journaliste à Paris, ouvrit au profit de ses malheureux compatriotes, chez quatre notaires de la capitale, une souscription qui produisit 1,320 francs.

Le gouvernement accorda deux secours, l'un de 500 fr. pour les gendarmes victimes du fléau, et l'autre de 8,600 fr. pour les autres incendiés. Ces sommes, réunies à d'autres obtenues de différentes personnes charitables, formèrent un chiffre de 11,051 fr. 75 cent., qui fut encore réparti entre les ayants droit par les soins d'une commission composée de répartiteurs, de membres du bureau de bienfaisance de Bruyères, présidée par M. Loye. Toutes les distributions eurent lieu conformément aux instructions préfectorales et ministérielles. De leur côté, les compagnies d'assurance versèrent aux huit assurés une somme de 30,806 fr. 65 cent.

La réunion de ces secours de toutes natures forma une somme de plus de 110,000 fr., suffisante pour indemniser tous les incendiés du 6 juillet qui se trouvaient dans le besoin.

Un résultat aussi inespéré, dû en grande partie à la bienveillance de M. le Préfet et aux démarches de M. Loye, excita justement la reconnaissance de tous les habitants de Bruyères ; dès le 20 septembre 1822, le conseil municipal votait à M. Boula de Coulombiers des remerciments au nom de la ville et de tous les incendiés; ceux-ci firent frapper à Paris trois médailles d'argent et députèrent plusieurs d'entre eux qui en offrirent une à M. le Préfet, en son hôtel à Epinal. Les deux autres étaient destinées à M. Loye et à la municipalité à Bruyères. M. Rovel, délégué pour les présenter à M. le Maire, se rendit à l'hôtel-de-ville le 27 août 1823, suivi des incendiés, et il lui adressa les paroles suivantes :

« M. le Maire, les incendiés de la ville de Bruyères sont vive-
« ment émus des secours et des consolations qu'ils ont obtenus ;
« l'histoire est muette sur un concours de charité aussi spontané
« et aussi efficace. En effet, leurs maisons, comme par enchante-
« ment, se sont relevées de leurs cendres plus commodes et plus
« solides qu'avant leur embrasement ; ils savent tout ce qu'ils doi-
« vent aux soins vigilants et empressés de M. le Préfet ; ils savent
« aussi ce qu'ils doivent à la puissante coopération de votre active
« bienveillance, secondée par la confiance, l'estime et la considé-
« ration que ce magistrat se plait à manifester pour votre personne;
« ils savent, (leurs yeux en sont journellement frappés), que rien
« ne vous coûte, que rien ne vous arrête quand il s'agit du bien-
« être de la ville et de ses habitants ; ils savent que sans vous des
« tas de décombres mêlés de cendres et de charbons, que des pans
« de mur noircis et calcinés, renversés les uns sur les autres, au-
« raient rappelé à nos neveux le désastre du 6 juillet. Manquant de
« mots assez expressifs pour peindre toute notre pensée, et cher-
« chant le moyen d'éterniser notre reconnaissance, nous en avons
« chargé le burin qui l'a tracée sur ce métal; nous vous prions de
« l'accepter, M. le Maire, il redira à nos petits enfants quand nous
« ne serons plus :

« A M. LOYE, MAIRE DE BRUYÈRES
LES INCENDIÉS DE CETTE VILLE DU 6 JUILLET 1822
VIVEMENT RECONNAISSANTS. »

M. Loye répondit :

« J'accepte au nom de la ville la médaille que vous m'offrez pour
« perpétuer le souvenir de votre malheur et plus particulièrement
« encore celui de votre gratitude envers vos compatriotes qui ont

« pourvu à vos premiers besoins avec tant d'empressement et d'ef-
« ficacité, envers les habitants du département dont les secours
« ont été si abondants ; enfin, envers nos augustes princes qui,
« dans l'effusion de leur inépuisable bonté, ont daigné répandre
« sur vous leurs bienfaits avec autant de promptitude que de libé-
« ralité. Je déposerai ce monument dans nos archives et j'aurai
« soin de veiller à sa conservation.

« J'accepte aussi avec reconnaissance la médaille que vous me
« présentez personnellement, puisque vous croyez que j'ai pu, par
« mes démarches et mes efforts, contribuer un peu à adoucir vos
« peines et à réparer vos pertes ; je suis très sensible à ce souvenir
« dont le gage précieux, qui sera toujours cher à mon cœur, ac-
« quiert encore à mes yeux un nouveau prix par la manière dont
« il m'est offert, et par le choix du digne interprète de vos senti-
« ments, je vous prie tous d'en recevoir mes humbles remerci-
« ments. »

La compagnie d'assurance mutuelle ayant indemnisé plusieurs incendiés, gagna à Bruyères, par les soins de M Loye, beaucoup de nouveaux assurés et elle donna à la ville une pompe à incendie, qui y arriva le 3 juin 1825.

L'incendie du 6 juillet 1822 fut l'événement le plus considérable de Bruyères arrivé sous l'administration de M. Loye ; il convenait d'en rappeler en détail les faits et les suites, afin de mieux faire connaitre, d'une part, l'homme de bien qui se distingua en cette circonstance d'une manière aussi remarquable, d'autre part, la reconnaissance de ses administrés qui les unit désormais intimement à lui.

Les mesures à prendre en faveur des incendies occupèrent presque exclusivement M. Loye pendant la seconde moitié de l'année 1822. Cependant, dès le mois d'octobre, il signala à M. le Préfet les affaires administratives en instance, et en réclama la solution ; fit mettre en réserve pour les boiser une partie des montagnes communales, revendiqua utilement au nom de l'hôpital de Bruyères, la propriété contestée de deux hagis situés sur le territoire de Mortagne.

En 1823, il fit reviser le tarif de l'octroi, démolir les cheminées en fascines et en bois, avec défense d'en établir de cette sorte et ordonna de les construire à l'avenir en briques ou en pierres. Par arrêté préfectoral du 23 novembre, il fut nommé avec M. le docteur Mougeot, commissaire, pour les réparations à faire au chemin vicinal de Bruyères à Cheniménil, aujourd'hui route n° 22 ; il demanda et obtint qu'un devis des travaux serait préalablement dressé par M. Huot, conducteur des ponts-et-chaussées.

A cette époque, M. d'Estourmel, préfet des Vosges, développa devant M. Loye les avantages que la ville d'Epinal retirait de la vente de ses affouages, et il l'invita, dans l'intérêt de sa commune, à proposer au conseil municipal de suivre la même marche pour arriver au même résultat, savoir : l'acquittement des charges de la ville, l'amélioration de ses forêts, le peuplement de ses montagnes, la diminution des droits d'octroi, l'accroissement des ressources du bureau de bienfaisance et de celles affectées à l'instruction des enfants, enfin la possibilité de faire des acquisitions et des travaux d'utilité publique avantgeux à la ville de Bruyèrese.

Le conseil municipal ne put se résoudre à faire vendre l'affouage au profit de la ville; il fut unanime sur ce point. Dans un rapport remarquable du 7 décembre 1823, M. Loye exposa avec talent à M. le Préfet en réponse à sa proposition :

1° Que la suppression de l'affouage, délivré aux habitants dans les forêts communales depuis un temps immémorial, donnerait lieu inévitablement à une foule de réclamations, augmenterait la pénurie et la cherté du bois et mettrait ses administrés à la merci des adjudicataires à défaut de magasins de bois dans Bruyères;

2° Que les pauvres ne pouvant acheter ce combustible commettraient beaucoup plus de délits forestiers ;

3° Que la classe moyenne la plus nombreuse serait lésée par l'effet de la mesure proposée, parce qu'elle contribuerait comme la plus imposée aux charges de la ville et ne jouirait pas comme la classe pauvre d'une meilleure dotation du bureau de charité;

4° Que, quant aux dettes et aux charges de la ville et à l'amélioration de ses forêts, on pouvait, avec le temps, acquitter les unes et pourvoir aux autres, sinon par les voies ordinaires, du moins en extrayant de la forêt domaniale de Champ, dans laquelle les habitants de Bruyères avaient des droits d'usage, des billes de sapin pour les convertir en planches, qu'ainsi elles produiraient quatre fois plus d'argent qu'en bois de chauffage, que déjà, par sa délibération du 10 août précédent, soumise à l'approbation de M. le Ministre des finances, le conseil municipal avait demandé la conversion de ces billes en planches ;

5° Le maire de Bruyères demanda que l'affouage, délivré aux usagers de Bruyères chaque trois ans, le fût désormais chaque deux ans ;

6° Il démontra que les semis et plantations d'arbres forestiers sur les montagnes incultes étaient en voie d'exécution et s'effectuaient par prestations et à peu de frais, puisque déjà ils avaient eu lieu sur une étendue de 24 hectares moyennant la dépense minime de 111 fr. 50 centimes;

7° Qu'enfin il pourrait être pourvu à l'amélioration des chemins au moyen de la vente de quelques bois de sapin, à extraire de la forêt de Boremont dont la ville se prétendait propriétaire.

Ce travail de M. Loye n'est donné ici que sommairement : il révèle tout son plan d'administration ; il fut apprécié et adopté ; la délivrance de l'affouage communal fut maintenue aux habitants de Bruyères. Le 4 février suivant, on obtint l'autorisation ministérielle de vendre des billes de sapin provenant de la coupe affouagère de la forêt domaniale, et, le 25 mars, un arrêté préfectoral décidait que cette coupe serait désormais biennale et des deux tiers de l'étendue des coupes triennales.

Mais ce n'était pas tout pour M. Loye d'obtenir de l'administration ce qu'il lui avait demandé : il voulut tenir les promesses qu'il lui avait faites et remplir complétement le programme tracé par son rapport du 7 décembre 1823 ; pour cela, il fit marcher de front et simultanément un si grand nombre d'affaires qu'il devient nécessaire ici de traiter sommairement et séparément les principales pour éviter les redites et la confusion.

La plus importante en féconds résultats, celle qui, du reste, se présente la première en date, est le boisement des montagnes communales qui limitent l'horizon de Bruyères à l'est, au nord et à l'ouest; elle est l'un des beaux titres de M. Loye à la reconnaissance publique des habitants de cette ville.

Dès le mois de mai 1822, nous l'avons dit, l'administration municipale dirigée par M. Loye, considérant que le bois de chauffage devenait rare et cher dans la contrée, que les moyens de parer à cette pénurie c'était de repeupler les forêts dégradées et de peupler celles des montagnes offrant la terre végétale suffisante pour la crûe du bois et pouvant sans inconvénient être distraites du nombre de celles consacrées au vain parcours, décidait que la partie cultivée de Fouchon serait repeuplée, que des semis seraient faits sur la montagne de Parosé, de Poinhet et sur celle de Boremont, où surgissent les sources des fontaines de la ville.

Le repeuplement et les semis se font sur 24 hectares en 1823. En mai 1824, on met en réserve la montagne de Hellédré, avec défense d'y extraire des pierres, de la bruyère, et d'y vain-pâturer ; on la boise ainsi que Parosé, la tête du Corbeau, devant Boremont et la montagne des Droités, sur une étendue de 54 hectares.

Deux ans après, M. Loye fait mettre en réserve et repeupler le devant de Boremont. En 1827 et 1828, Avison fut mis en réserve, puis ensemencé de pins en 1829 et 1830. C'est ainsi qu'en sept années les forêts communales de Bruyères furent agrandies de 130 hectares de pins sylvestres, essence choisie par l'administration forestière comme étant la meilleure pour former l'humus, la terre végétale et préparer le sol à recevoir plus tard des plantations de sapins ou de bois feuillu. Le 15 mai 1829, le conseil municipal interdit le pâturage et toute extraction de végétaux et de minéraux sur 20 hectares de terrains communaux, sis devant Boremont, afin de les mettre aussi en état d'être boisés prochainement.

De 1820 à 1830, M. Loye entretint une correspondance très suivie avec MM. les agents de l'administration forestière à Epinal et à St-Dié, et il eut toujours à se féliciter de ces relations non-seulement à l'occasion des affouages communaux et des ventes de bois qu'il obtenait souvent de faire au profit de la ville de Bruyères dans la forêt domaniale de Bois-de-Champ et dans la forêt de Boremont, mais encore au sujet de la propriété de celle-ci contestée à la ville par le Domaine. Le précis sommaire de cette contestation trouve tout naturellement sa place ici.

La ville de Bruyères était en possession et jouissance pour 7/8 et la commune de Champ-le-Duc pour 1/8, en vertu d'une aliénation faite à leur profit en 1583, d'une portion de la forêt de Boremont, de la contenance d'environ 48 hectares. Le titre de l'aliénation ne se trouvait pas, mais il était rappelé dans un procès-verbal produit daté du 29 juillet 1709.

Par délibération du 28 mai 1701, le corps municipal de Bruyères prescrivit une exploitation dans la forêt communale de Boremont pour servir à la réparation du chemin de Bruyères à Corcieux.

En 1704, la gruerie de Bruyères ayant inquiété les deux communes dans la possession de la forêt, elles présentèrent une requête au souverain, et, le 7 avril de la même année, le duc Léopold leur accorda des lettres patentes par lesquelles il maintenait les habitants de Bruyères et de Champ-le-Duc dans la possession des cantons de bois rappailles de Boremont, à charge par eux de payer annuellement un cens de 14 francs barois, dont 1/2 au domaine et 1/2 à l'église de St-Pierre (le Chapitre) de Remiremont, et de se conformer pour l'exploitation au règlement général du mois d'août 1701.

A dater de la suppression des droits féodaux en 1789, le Domaine cessa de réclamer le cens imposé sur Boremont; il ne fut plus payé par les deux communes qui, d'ailleurs, acquittaient les impôts fonciers et les salaires des gardes ; néanmoins, la nouvelle administration forestière classa ce bois parmi les forêts ascensées, et, par suite, les dommages intérêts, prononcés pour les délits forestiers qui s'y commettaient, étaient versés dans la caisse de l'Etat.

Par délibération des 4 janvier et 25 juillet 1824, le conseil municipal de Bruyères demanda que le cens imposé sur Boremont fût déclaré féodal, et, comme tel, supprimé de droit sans indemnité, comme il l'était de fait sur la partie de cette forêt afférente à la ville, de même qu'il l'avait été par arrêté préfectoral du 28 septembre 1810 sur d'autres portions de la même forêt, appartenant aux communes de Brouvelieures, Belmont, Domfaing et Vervezelle, voisines de Bruyères. Dans un rapport qu'il adressa à M. le Préfet, le 15 juillet 1825, M. l'Inspecteur des forêts de St-Dié reconnut que les deux communes de Bruyères et de Champ-le-Duc avaient, sur la partie de Boremont, des droits d'usage aussi étendus que le droit de propriété sans en supporter les charges, qu'elles avaient joui sans interruption depuis l'établissement de la maîtrise de St-Dié, que cette forêt était inutile et onéreuse à l'Etat, qui n'en retirait aucun fruit, et que le cens de 14 francs pouvait être réputé féodal.

Cette opinion toute favorable à la ville de Bruyères faisait espérer une prochaine décision, mais la question traîna en longueur. M.

Loye eut la grande prudence de ne pas la soumettre aux tribunaux : il suivit une marche plus conciliante et plus avantageuse.

En novembre 1828, il réclama à M. le Préfet tous les titres de propriété concernant Boremont et, le 10 février 1829, il forma utilement une demande administrative en récognition des droits de la ville sur la propriété exclusive de cette forêt.

Le 19 mars suivant, le Domaine fit sommation aux deux communes de se conformer aux dispositions de la loi du 14 Ventôse, an VII, relative aux domaines engagés par l'ancien gouvernement, elles s'y refusèrent et M. Loye fit dresser un mémoire explicatif fort remarquable qui fut inséré le 11 avril 1829 dans une délibération du conseil municipal. Enfin le 10 juin, il adressa à M. le Préfet, au nombre de 56, toutes les pièces de cette affaire en la lui signalant comme ayant une importance majeure.

La solution n'en eut pas lieu alors, elle resta pendante plusieurs années ; il n'y avait pas de péril en la demeure, les communes continuaient de jouir comme par le passé des droits les plus étendus sur la production de la forêt. La suite de cette contestation, dont M. Loye aura encore à s'occuper, sera rapportée en son temps dans le cours de cette histoire.

Pendant que tout ceci se passait, la ville de Bruyères avait une autre affaire contentieuse à soutenir :

En 1824, sur l'avis favorable de trois jurisconsultes, elle fut autorisée à intenter devant le tribunal d'Epinal contre la commune de Laval, une action en revendication de la propriété de terrains communaux. M. Loye fit d'actives démarches et des recherches laborieuses pour justifier des droits de la ville sur les terrains litigieux ; il eut d'abord la satisfaction de gagner son procès en première instance, mais sur l'appel et en cassation la commune de Laval obtint gain de cause par arrêté du 15 février 1833.

Le pavage du chemin de Bruyères à Grandvillers fut effectué en

1824. en même temps que l'on commençait celui des faubourgs de la ville qui fut terminé en 1826.

La même année 1824, M. Loye fit instituer à Bruyères une distribution annuelle de prix scolaires, et l'année suivante, la ville fit l'acquisition de l'ancien hôpital pour y établir ses écoles.

Le 25 mars 1825, M. Loye fut nommé avec MM. Mougeot, docteur ; Mougeot, percepteur ; Jeanpierre et Didiergeorge, inspecteur des chemins vicinaux du canton de Bruyères ; ils se partagèrent pour ce service les communes du canton, et, avant la fin de l'année, M. Loye transmit à M. le Préfet un rapport général de leurs travaux. A cette époque fut construit un bassin ou réservoir d'eau contre l'incendie sur la place Léopold, devant les Halles

Par arrêté préfectoral du 17 décembre 1825, M. Loye fut maintenu dans ses fonctions de maire et réinstallé quelques jours après avec M. Léonard son adjoint, qui avait été nommé à ces fonctions le 31 décembre précédent, en remplacement de M. Claudel, démissionnaire.

De 1825 à 1827, tous les chemins vicinaux furent reconnus, déclarés, mis en état, rélargis au moyen de reprises d'anticipations, d'achats, d'échanges de terrain, etc., de nouveaux furent créés.

En 1827, M. Loye fit rétablir à l'hôpital et réglementa l'école des filles, fondée près d'un siècle auparavant, par M. de Girecourt, et supprimée depuis 1793. Les travaux importants du chemin de Cheniménil exécutés par les soins et sous la surveillance de MM. Loye, Mougeot et Huot sur une longueur de 15 kilomètres durèrent de 1825 à 1829 et coûtèrent plus de 40,000 fr. M. Loye nous a appris qu'il arriva à M. le docteur Mougeot, de respectable mémoire, d'avancer des fonds de sa bourse pour en hâter l'achèvement.

MM. les Préfets des Vosges, Boula de Coulombiers, de Meulan, Nau de Champlouis ont eu pour M. Loye une affection bien marquée ; il l'avait méritée par sa politesse exquise et par des témoignages non suspects de déférence et de respect. Le premier lui écrivait au commencement de 1821 :

« Le vœu que je forme bien particulièrement est de vous con-
« server longtemps comme collaborateur et de voir se multiplier
« avec vous des relations que votre zèle, votre assiduité et votre
« attachement aux intérêts de vos administrés me font vivement
« apprécier. » Ailleurs : « Avec des collaborateurs tels que vous,
« l'administration est toujours facile ; les difficultés sont bientôt
« aplanies, et j'espère avoir longtemps à me féliciter de nos rela-
« tions. » Plus tard et en quittant le département : « J'ai eu par-
« ticulièrement à me féliciter de nos relations que j'avais à entre-
« tenir avec vous ; la confiance que vous m'accordiez, vos lumières
« et votre dévouement me rendaient ces relations bien précieuses.»

M. de Meulan lui disait : « Je suis heureux, Monsieur, d'avoir
« en vous un collaborateur qui seconde si bien mes intentions,
« toutes pour l'avantage et le bonheur du département. » Dans une autre circonstance : « J'apprécie chaque jour de plus en plus
« l'avantage des relations qui existent entre nous et je désire vi-
« vement qu'elles se prolongent aussi longtemps que possible. »

M. Nau de Champlouis voulant s'éclairer de la grande expérience de M. Loye et de ses connaissances administratives le fit nommer membre du conseil de l'arrondissement d'Epinal, par une ordonnance du 2 août 1829, dont il lui adressa un extrait en ajoutant : « Je ne doute pas que le conseil n'ait à s'applaudir du con-
« cours de votre zèle et de vos lumières, et, de mon côté, je ne
« puis que me féliciter de ce que ces nouvelles fonctions rendront
« plus fréquentes les relations qui existent entre nous et auxquelles
« j'attache chaque jour plus de prix. »

Ces témoignages flatteurs étaient la continuation de ceux que MM. les anciens colonels du 29e de ligne avaient adressés dix ans auparavant à leur ancien quartier-maitre.

Les améliorations apportées sous l'administration de M. Loye, dans les montagnes qui avoisinent Bruyères ne pouvaient passer inaperçues; les forêts naissantes dont elles étaient couvertes, faisaient l'admiration de tous les habitants du pays; les étrangers eux-mêmes qui avaient vu ces monts dépouillés et hideux, semblables à des monceaux de ruines, étaient agréablement surpris de les revoir transformés comme par enchantement en forêts toujours vertes. La Société d'émulation des Vosges qui recherchait déjà comme elle recherche aujourd'hui tous les progrès accomplis pour les encourager, en en récompensant les auteurs, décida à l'unanimité qu'il serait décerné à M. Loye une médaille d'argent pour le zèle qu'il avait montré de concert avec le conseil municipal et pour les succès qu'il avait obtenus dans le reboisement des montagnes communales. Le 5 novembre suivant, M. Loye reçut cette médaille à la séance solennelle de la Société d'émulation d'Epinal, ainsi qu'une mention très-honorable pour le zèle qu'il avait apporté à la réparation des chemins vicinaux de sa commune. Ces récompenses étaient méritées.

En 1830, le conseil municipal, présidé par M. Loye, s'opposa à la suppression proposée d'une partie des foires de cette ville qui s'y tiennent le deuxième et le quatrième mercredi de chaque mois, en vertu d'un décret impérial du 12 décembre 1806.

Pour l'exécution d'une ordonnance royale du 10 mai 1829, M. le Préfet nomma, le 9 août 1830, M. Loye aux fonctions nouvelles de commissaire-voyer de la route n° 6 de Girecourt à Anould et de la route n° 7, comprise entre la précédente et la route n° 1; ces fonctions gratuites, comme toutes celles qui lui avaient été confiées et qu'il avait acceptées depuis 10 ans, consistaient à vérifier si les entrepreneurs des fournitures remplissaient exactement et fidèlement leurs engagements, si les cantonniers faisaient leur devoir, si les préposés à la police du roulage constataient les contraventions, si les communications étaient en aussi bon état que possible ; ces nouveaux agents devaient signaler à M. le Préfet et aux ingénieurs les abus qu'ils remarqueraient et les désordres de toute espèce qui parviendraient à leur connaissance ; enfin ils pouvaient communiquer à l'administration leurs vues sur les moyens d'améliorer l'état des routes et d'en réduire les dépenses.

En annonçant à M. Loye sa nomination de commissaire-voyer, M. le Préfet des Vosges lui écrivait : « Votre zèle et l'intérêt que « vous prenez à tout ce qui peut contribuer au bien de la contrée « que vous habitez, me font espérer que vous voudrez bien vous « charger de cette mission. » M. Loye ne la déclina pas, mais il ne put mettre la dernière main aux améliorations importantes dont la surveillance venait de lui être confiée ; une révolution était survenue dans le gouvernement de la France : la branche d'Orléans occupait le trône et la branche aînée des Bourbons était envoyée en exil ; à Charles X avait succédé Louis-Philippe Ier. Des changements inévitables, inséparables des commotions politiques, s'effectuaient dans toutes les administrations : quoique M. Loye se fût toujours, en bon citoyen, montré fidèle sous la Restauration comme sous l'Empire à son souverain, il n'en fut pas moins, sur la proposition de M. Vaulot, alors député des Vosges, et par ordonnance royale du 22 août 1830 appelé aux fonctions de sous-préfet de l'arrondissement de St-Dié. Ce ne fut pas certainement comme homme politique qu'il mérita cet honneur, mais comme administrateur distingué sous tous les rapports.

Avant de le suivre dans son arrondissement, il est bon de jeter un coup d'œil sur sa conduite comme maire de Bruyères. Il fit preuve d'une haute capacité que sa modestie n'a pu cacher, car ses actes nous sont acquis. Avait-il une question importante à traiter, il l'exposait avec ordre et méthode dans tous ses détails et dans toutes ses circonstances, puis, passant à la législation qui régissait la matière, il la citait textuellement comme un jurisconsulte en rapprochait les dispositions des faits et arrivait ainsi à motiver et à formuler son avis d'une manière claire et lucide ; rarement il se trompait et presque toujours l'autorité approuvait complétement ses vues et les adoptait.

Il s'occupait personnellement de tout le service avec une assiduité rare : sa correspondance était nombreuse, active, pressante; il suffirait de la lire pour s'initier au style officiel, au maniement des affaires administratives et pour apprendre à maintenir de bonnes relations avec tout le monde. A chaque page on trouve des lettres qu'il écrivait aux autorités civiles, militaires et ecclésiastiques ou aux personnages influents, soit pour leur recommander des candidats aux emplois publics, des soldats en congé, soit pour faire obtenir aux malheureux des faveurs, des grâces, ou des secours qui ne leur étaient alors presque jamais refusés.

Il était tout naturellement et en sa qualité d'ancien comptable, partisan de l'ancien système, celui de l'économie qui est de tous les temps, qui doit être pratiqué dans toutes les circonstances et qu'il est facile de suivre tant qu'on le respecte, mais auquel il est presque impossible de revenir une fois qu'on s'est jeté hâtivement dans de grandes dépenses ; M. Loye le savait, aussi ne se laissa-t-il pas entraîner hors de la voie qu'il s'était tracée ; tout en réalisant les améliorations et les progrès, en devançant même son époque de bien des années par le boisement des terrains communaux incultes et par la mise en état des chemins vicinaux, il ménagea les ressources de la ville de Bruyères et lui en prépara pour l'avenir. Il fit beaucoup avec peu d'argent. Il ne disposa pendant les dix années de son administration que d'un budget de recettes, variant de 10 à 20,000 fr. par année et qui n'atteignit pas en moyenne le chiffre de 15,000 fr. Les dépenses communales furent restreintes dans les mêmes limites.

Fort désintéressé d'ailleurs, il gérait parfaitement bien sa fortune pesonnelle ; il ne pouvait donc manquer de faire un bon emploi des deniers de la ville de Bruyères. Il fut toujours puissamment secondé par ses collègues du conseil municipal dont il possédait l'estime et toute la confiance.

Plusieurs de ceux qu'il avait trouvés à la mairie en 1820 y étaient encore en 1830, c'était MM. Alexis Fetet, J.-P. Rovel, Mathieu, Batremeix, Grandferry, Thiébault et Prévost.

Outre les fonctions de commissaire et d'inspecteur des chemins vicinaux d'une partie du canton de Bruyères et des cantons de Corcieux et de Fraize, et de membre du conseil d'arrondissement qui avaient été conférées à M. Loye par M. le Préfet, ce haut fonctionnaire, appréciant de plus en plus son zèle et son activité, le consultait en 1828, 1829 et 1830 sur le choix des maires et des adjoints à nommer dans son canton. C'est ainsi qu'étant chargé de nombreuses missions de confiance il se trouva, à un moment donné, en situation d'administrer tout un arrondissement.

Sa santé s'étant améliorée grâce aux eaux de Plombières, auxquelles il avait eu recours en 1820, 1821, 1822, 1826 et 1828, grâce aussi à la vie active que ses fonctions civiles l'obligeaient de mener, il accepta donc la place de sous-préfet et, le 28 août 1830, il adressait à MM. les maires des communes de l'arrondissement de St-Dié la circulaire suivante :

« Appelé par les bontés du roi à l'honneur d'administrer cet
« important arrondissement, je m'empresse d'arriver parmi vous
« et de vous faire connaître mes principes à la fois et ma règle de
« conduite : faire aimer et respecter le gouvernement, veiller sans
« cesse à l'exécution des lois, au maintien de l'ordre et de la li-
« berté, au respect des personnes et des propriétés ; protéger ef-
« ficacement tous les droits ; assurer à tous une égale et prompte
« justice ; encourager, hâter l'exécution des améliorations de toute
« espèce réclamées par l'intérêt public ; telle est la tâche qui m'est
« imposée et que je mettrai tous mes soins à remplir.

« Le concours de vos lumières et de votre expérience, Mes-
« sieurs, votre utile et active coopération, le bon esprit qui distin-

« gue si éminemment l'arrondissement, me rendront, je n'en
« doute pas, facile l'accomplissement de tous ces devoirs.

« Heureux si un jour, je puis, à mon tour, avoir comme vous
« des droits à la bienveillance publique, et, en quittant la carrière,
« mériter une faible partie des justes regrets qui suivent dans sa
« retraite prématurée le digne magistrat auquel je succède. »

On sent en lisant ces lignes, que c'est un homme d'ordre, un homme juste et laborieux, en un mot, un homme de bien qui parle avec l'intention bien arrêtée de faire ce qu'il annonce.

L'année 1830 était à peine écoulée que M. Henri Simon, nouveau préfet des Vosges, remerciait déjà le nouveau sous-préfet de St-Dié du concours efficace qu'il avait trouvé dans son zèle et dans ses lumières ; « et il n'y a pas de jour, lui écrivait-il, que je ne
« me félicite des rapports que le hasard a établis entre nous ; c'est
« votre amitié que je réclame désormais, comme je vous prie de
« compter sur la mienne. »

M. Loye organisa les gardes nationales de son arrondissement et profita pour les passer en revue de la tournée qu'il fit dans les chefs-lieux de canton, lors du tirage du recrutement de la classe de 1830 ; l'enthousiasme était grand dans le moment ; le sous-préfet s'entendit avec tous les fonctionnaires et les principaux industriels, les encouragea dans le maintien de l'ordre et du travail des ouvriers

Le roi Louis-Philippe étant venu visiter le département au mois de juin 1831, M. Loye dut à sa nouvelle position administrative l'honneur d'être admis à sa table et de l'accompagner dans une partie de sa tournée départementale.

Les troubles de 1832 le trouvèrent armé contre les hommes de désordre ; son activité, sa fermeté dont 22 ans de services militaires lui avaient donné l'habitude contribuèrent beaucoup au maintien de la tranquillité dans l'arrondissement de St-Dié.

A cette époque, M. le Ministre de la guerre invita, par une circulaire, tous les officiers de l'armée, chevaliers de Saint-Louis, à ne plus porter les insignes de cet ordre. M. le Préfet des Vosges demanda comme dédommagement pour M. Loye sa nomination au grade d'officier de la Légion d'honneur. Il ne fut pas donné suite à cette demande.

Le sous-préfet de Saint-Dié ne perdait pas de vue les intérêts de la ville de Bruyères ; le 24 décembre 1832, il assistait à l'audience de la cour de Nancy où se plaidait la cause contre la commune de Laval ; le 29 du même mois, il adressait, sur cette affaire, à un magistrat de cette cour, un rapport détaillé et complet en réponse aux plaidoiries de la commune de Laval ; mais comme nous l'avons dit, l'arrêt du 15 février suivant donna gain de cause à cette commune.

La loi du 28 juin 1833 et l'ordonnance du 16 juillet suivant, sur l'instruction primaire, recevaient leur exécution. M. Loye fut chargé d'installer et de présider le comité de l'arrondissement de St-Dié ; il s'en acquitta avec un talent remarquable qu'on ne lui connaissait pas encore, et il prononça, le 28 novembre 1833, devant le comité, un discours dans lequel il s'attacha d'abord à faire ressortir les trois grands avantages de la loi nouvelle, à savoir : la liberté de l'enseignement, l'obligation, pour toute commune, soit par elle-même, soit en se réunissant à une autre, d'entretenir une école, et l'obligation de l'enseignement gratuit aux pauvres. Passant ensuite aux moyens d'application, il disait aux membres du comité d'instruction primaire : « Vous êtes appelés, Messieurs, à
« concourir à l'accomplissement d'une vaste mesure d'intérêt pu-
« blic et d'avenir ; vous ne récuserez pas cette noble tâche ; vous
« prêterez au gouvernement, dans cette circonstance, l'appui de
« votre expérience et de vos lumières, de votre patriotisme et de
« ce zèle ardent qui vainc tous les obstacles. Vous remplirez exac-
« tement les devoirs qui vous sont imposés, devoirs nombreux,
« pénibles, et qui, ici, je l'avouerai, s'accroissent par des difficultés

« inhérentes à la localité, telles que la privation de ressources dans
« beaucoup de communes, l'existence d'un grand nombre de ha-
« meaux, la dissémination des habitants. Vous songerez que le
« sort d'une classe d'hommes et celui d'une génération tout en-
« tière sont en quelque sorte remis entre vos mains ; que, d'un
« côté, les embarras inséparables d'une nouvelle institution, de
« l'autre les pouvoirs étendus qui vous sont confiés, exigent de
« votre part les efforts les plus constants et les plus soutenus,
« qu'enfin, trop souvent, le bien ne s'obtient que difficilement et
« qu'à force de soin et de persévérance. »

C'est par de telles paroles que M. Loye communiquait à ses subordonnés le feu sacré dont il était pénétré dans l'accomplissement de toutes ses fonctions.

A son entrée dans l'arrondissement de Saint-Dié, 26 communes étaient encore privées de maisons d'école ; durant les deux premières années de son administration, 10 furent dotées de cet établissement indispensable. Il appela tout particulièrement l'attention du comité d'arrondissement, sur la nécessité de créer des maisons d'école partout où le besoin s'en faisait sentir ; dans les communes, dans les hameaux populeux, il réclama la réparation et la mise en état des écoles incommodes ou malsaines, et l'usage de livres uniformes pour faciliter les bonnes méthodes d'enseignement.

Le travail de M. Loye nous apprend qu'en 1835, il existait dans l'arrondissement de Saint-Dié 225 écoles, dont 9 d'enseignement mutuel, 183 d'enseignement simultané et 33 d'enseignement individuel. Le nombre des élèves était de 15,450, dont 8,278 garçons et 7,172 filles. L'enseignement mutuel comptait 843 élèves, l'enseignement simultané 13,765 élèves, dont 2,193 gratuits et l'enseignement individuel 842 élèves. Enfin ces écoles étaient tenues par 189 instituteurs, dont 84 ambulants et 51 institutrices.

Ces détails nous montrent combien l'instruction primaire était encore arriérée il y a trente ans, quel grand pas et quel progrès elle a fait depuis. En effet, il y a actuellement (en 1863) dans l'arrondissement de Saint-Dié 252 écoles fréquentées par 18,168 élèves des deux sexes, dont 8,645 gratuits et en outre 22 salles d'asile peuplées de 2,456 enfants, dont 386 seulement payent une rétribution.

Le rapport de M. Loye fut bien accueilli par M. le Préfet des Vosges, qui lui écrivit, le 2 décembre 1833 : « Vous avez parfaite-« ment expliqué les avantages de la nouvelle loi sur l'instruction, « les devoirs du comité et l'état de l'enseignement dans votre ar-« rondissement, je vous prie d'en recevoir à la fois mes félicita-« tions et mes remerciments. »

Mais M. Loye ne s'en tint pas là ; il ne se borna pas au commandement, il se mit à l'œuvre et il faut voir avec quelle attention il visitait les écoles au mois de mars 1834, avec quel soin minutieux il rendait compte au comité du résultat de son inspection ; rien n'a échappé à son examen : renseignements sur la conduite morale des instituteurs, sur leur zèle dans l'exercice de leurs fonctions, sur leur aptitude et leur capacité, sur la nature de leurs relations avec leurs élèves, avec les familles et avec les diverses autorités locales. Toutes les branches de l'instruction primaire, la prononciation, la propreté, l'état des livres, des cahiers comme celui des écoles en général et de leur mobilier, composaient son rapport.

Il concourut activement à l'exécution de toutes les lois, tant anciennes que nouvelles ; de 1832 à 1834, il rendit compte au roi de la mise en vigueur des lois relatives aux gardes nationales, à l'instruction primaire, aux élections municipales, ainsi que de la situation du commerce et de l'industrie.

Il porta tout particulièrement ses soins sur l'état des maisons d'école dont nous avons déjà parlé et sur celui des églises et des presbytères. De 1831 à 1837, il obtint du gouvernement et du département des secours jusqu'à concurrence de 48,207 fr. 35 cent., pour acquisition, construction ou réparations de maisons d'école dans les communes de Bertrimoutier, Ban-de-Sapt, les Arrentés-de-Corcieux, Clefcy, Ban-sur-Meurthe, Moyenmoutier, le Puid, Plaine, Bourg-Bruche, Saulcy sur-Meurthe, la Petite-Raon, Moussey, le Vermont, Vieux-Moulin, Plainfaing, Wildersbach, Chatas, le Valtin, Saulxures, Senones, la Grande-Fosse, Granges, Herpelmont, le Pair et Grandrupt, Entre-deux-Eaux, Gérardmer, Luvigny, St-Blaise-la-Roche, le Saulcy, Belval et le Mont, Ménil, Barbey-Seroux, Autmontzey, Vervezelle, les Poulières, Bois-de-Champ, Raon-sur-Plaine, Mortagne, les Rouges-Eaux, la Bourgonce, Saint-Michel, Provenchères, Colroy-la-Grande, Jussarupt, la Petite-Fosse, Grandfontaine, Hurbache et Rehaupal.

De 1831 à 1836, il obtint des secours s'élevant à 10,100 fr. pour acquisitions, constructions ou réparations d'églises ou de presbytères dans 19 paroisses qui sont : la Houssière, Ranrupt, Fraize, Senones, St-Michel, Moussey, la Petite-Raon, Sainte-Marguerite, Lubine, Ménil et Vieux-Moulin, Wisembach, le Saulcy, Belval et le Mont, Etival, Champdray, Clefcy et St-Stail.

Mais ce qu'il fit en faveur de l'église de Rehaupal mérite ici une mention spéciale. En 1836, Rehaupal dépendait encore pour le culte de la paroisse de Champdray ; les deux villages sont à plus de 4 kilomètres l'un de l'autre, Rehaupal dans le fond d'une vallée et Champdray sur un plateau très élevé. Le chemin de Rehaupal à Champdray est conséquemment très rapide, d'un parcours difficile en tout temps, mais surtout pendant l'hiver en raison de la neige qui s'y amoncelle en abondance.

La commune de Rehaupal possédait une église, ses habitants avaient construit une maison de cure, souscrit pour 12,050 fr., et le conseil municipal voté 5 centimes par franc sur les contributions directes, le tout en vue d'obtenir un desservant.

Mais le conseil municipal et le conseil de fabrique de Champdray s'opposaient à la séparation sollicitée, alléguant qu'elle aurait pour conséquence de mettre à leur charge exclusive l'entretien de leur église et de leur presbytère. Les habitants du hameau de Varinfête, commune de Rehaupal, se joignaient à ceux de Champdray pour demander le maintien de l'ancien état de choses. De son côté l'évêché de St-Dié offrait de faire célébrer les offices religieux à Rehaupal, aux frais de cette commune, par un vicaire résidant à Champdray. Ce terme moyen ne fut pas accueilli par le conseil de Rehaupal, qui, pour aplanir toutes difficultés, déclara renoncer à tous ses droits de propriété sur les édifices de la paroisse de Champdray.

L'affaire en cet état fut soumise à M. le sous-préfet de St-Dié qui, dans un rapport du 15 janvier 1836, fit valoir toutes les considérations de fait invoquées par les habitants de la commune de Champdray, réfuta victorieusement les oppositions présentées et au surplus s'exprima ainsi :

« Considérant que c'est un devoir impérieux pour l'administra« tion d'écouter, d'apprécier les justes doléances, de les appuyer « avec tout l'intérêt dont elles peuvent être susceptibles, d'éclairer « le gouvernement sur les vœux et les besoins des populations, de « seconder les mesures ou les propositions qui ont pour objet des « améliorations, ou de faciliter à chacun l'accomplissement de ses « devoirs politiques et même religieux, enfin de faire aimer et bénir « le nom du Souverain jusque dans les hameaux les plus reculés.

« Considérant qu'il est à la fois convenable et prudent, non de « comprimer ou de repousser l'élan de la population de Rehaupal « en faveur de l'exercice de son culte, mais de le seconder ou de le « favoriser ; que cet élan est trop louable dans son principe, trop « important dans ses conséquences pour ne point exciter la sollici« tude de l'autorité supérieure ;

« Qu'un tel mouvement bien dirigé est ordinairement le germe « de grandes choses et est toujours d'un bon exemple ;

« Qu'enfin ceux-là méritent réellement des égards qui, pour « s'affranchir des peines qu'ils supportent depuis de longues an-

« nées et apporter quelque adoucissement à leur sort ont bâti à
« leurs frais une maison de cure de la valeur de 9,870 fr. 25 cent.,
« qui se cotisent pour la somme de 12,050 fr., s'imposent annuel-
« lement pour une somme de 78 fr. 57 cent., et se chargent de
« travaux assez considérables.

« Entraîné par toutes ces considérations, le sous-préfet estime
« que, sans s'arrêter aux oppositions du conseil municipal et du
« conseil de fabrique de Champdray, et même à celle condition-
« nelle de Mgr l'évêque, il y a lieu d'accueillir la demande. »

Le 27 septembre suivant, une ordonnance royale érigea en chapelle nationale l'église de la commune de Rehaupal et M. Loye disait au maire en lui en donnant avis : « Voilà votre cause gagnée, je vous en félicite bien vivement. »

M. Loye ne s'était pas marié, toute son affection se portait sur ses amis, sur ses administrés et sur sa sœur Marie-Françoise, qu'il eut le malheur de perdre le 15 février 1836. Le chagrin qu'il en ressentit et les conseils de M. Henri Siméon, ancien préfet des Vosges, qui lui disait le 24 février : « Cet événement vous décidera
« peut-être à vous retirer dans la maison paternelle de Bruyères,
« que vous ne voudrez pas laisser déserte, » lui firent donner la démission de ses fonctions de sous-préfet au mois de mars suivant. Les instances nombreuses et réitérées de ses amis, de ses administrés et d'un grand nombre de maires de l'arrondissement de St-Dié, celles de M. de Monicault, préfet des Vosges, récemment arrivé dans ce département et qui disait avoir déjà apprécié la loyauté de caractère de M. Loye et le zèle éclairé qu'il apportait dans l'exercice de ses fonctions ; les regrets que M. le ministre de l'intérieur fit exprimer à M. Loye ne purent le décider à la retirer.

M. A. Doublat intervint près de lui, il le connaissait intimement, il lui écrivit avec un talent de persuasion remarquable, le 3 juin 1836, de la Chambre des députés où il siégeait alors. Il commença à invoquer le bien public dont il était l'interprète et M. Loye le représentant dans l'arrondissement de St-Dié, il demande la liberté de faire considérer par M. le Ministre la démission comme non avenue. Les raisons mises en avant par le sous-préfet pour se retirer sont combattues une à une avec succès par le député qui « laisse à d'autres, dit il, le soin de parler du bien que M. Loye « peut faire dans le pays. » Puis il ajoute : « On se rappel'era « toujours que c'est au beau-père (M. Vaulot), qu'on a dû de vous « avoir ; eh bien ! je serais heureux qu'on pût dire un jour que le « gendre a pu vous décider à consacrer encore quelques années « au bien public. »

M. Doublat obtint ce qu'il désirait, M. Loye lui répondit le 6 juin :

« Votre lettre si amicale, si affectueuse, m'a ému jusqu'aux lar- « mes. Elle est venue se joindre aux nombreux témoignages d'in- « térêt que je reçois journellement et a battu en brèche la réso- « lution que j'avais prise de quitter les affaires publiques..., je ne « puis plus résister, je cède et je suis prêt à continuer mes fonc- « tions, si l'on croit que mes faibles services peuvent encore être « utiles au pays. »

Quelques jours après, M. le maire de St-Dié, au nom de tout l'arrondissement, témoignait par écrit à M. Doublat, sa gratitude pour le service immense qu'il venait de rendre au pays, service d'autant plus grand, disait-il, que plusieurs maires des communes importantes avaient aussi formé le projet de se démettre de leurs fonctions si M. Loye cessait d'administrer l'arrondissement.

Dès que la détermination de M. le sous-préfet fut connue, des lettres de remerciments et de reconnaissance lui furent adressées de toutes parts ; tous les termes y sont employés pour exprimer le contentement et la joie que l'on éprouve de le voir conserver son poste pendant de longues années, aussi longtemps que possible.

M. le Préfet et M. le Ministre de l'intérieur firent aussi part à M. Loye, avec une grande bienveillance, du plaisir qu'il leur procurait en leur conservant son concours dévoué et sa précieuse collaboration. Mais hélas ! ce bonheur ne fut pas de longue durée : 15 mois plus tard, M. Loye donnait sa démission définitive, et le 20 août 1837, il adressait aux maires de son arrondissement la circulaire suivante :

« Messieurs, mon âge avancé, les fatigues que j'ai éprouvées
« pendant plus de 40 ans de services administratifs et militaires,
« l'affaiblissement de ma santé et enfin le besoin de repos m'ont
« déterminé à résigner mes fonctions et à me retirer dans la petite
« ville où je suis né. Je ne le dissimulerai pas, je vous quitte avec
« un profond regret. Mais, du moins, je m'éloigne peu de vous.
« Du sein de ma retraite, je pourrai facilement encore contempler
« vos travaux, m'y associer en pensée et en esprit, si je ne puis
« plus y prendre une part active, suivre vos progrès, jouir de vos
« succès ainsi que des améliorations matérielles et morales dont
« votre sollicitude éclairée continuera à doter le pays.

« Attaché intimement à l'arrondissement, identifié en quelque
« sorte avec lui, tout ce qui a pour objet son bien être, sa prospé-
« rité, m'intéresse toujours au plus haut degré. Il y a sept ans, en
« arrivant parmi vous, Messieurs, je réclamais avec confiance le
« concours de vos lumières et de votre expérience pour m'aider à
« remplir la tâche qui m'était imposée. Vous avez bien voulu ré-
« pondre à cet appel avec un empressement, une bonne volonté,
« un zèle dont je ne puis trop vous savoir gré, et je dois recon-
« naître que si, pendant mon administration, j'ai pu traverser avec
« bonheur quelques circonstances difficiles, et pu faire quelque
« bien, ces heureux résultats sont votre ouvrage; je vous remercie
« donc, dans toute l'effusion de mon âme, de votre active et effi-
« cace coopération, ainsi que des nombreuses marques de con-
« fiance et d'amitié que j'ai reçues de vous. Je remercie aussi les
« bons habitants de l'arrondissement des sentiments d'attachement
« qu'ils m'ont toujours montrés, sentiments dont j'ai été profon-

« dément touché et dont le souvenir si cher à mon cœur ne s'ef-
« facera jamais de ma mémoire et sera l'une des plus douces con-
« solations de ma retraite. »

Les fonctionnaires de l'arrondissement de Saint-Dié n'avaient pas attendu cette nouvelle officielle pour montrer à M. Loye le chagrin que leur causait sa démission dont ils avaient été instruits précédemment. Un concert unanime de regrets s'était élevé dans tout l'arrondissement ; tous avaient eu à se féliciter de ses relations douces et paternelles, toutes les communes avaient profité de sa bonne administration.

Dès que la circulaire du 20 août fut connue, dès qu'on eut perdu l'espoir de conserver M. Loye, le chagrin redoubla, il prit, suivant les expressions de plusieurs de ceux qui l'éprouvaient, le caractère d'un deuil public, d'une tristesse générale, d'une perte irréparable. Tous promettent à leur bon sous-préfet un souvenir éternel et font des vœux pour qu'il trouve dans sa retraite le bonheur qu'il a su si bien procurer à tout l'arrondissement. M. le maire de St-Dié lui assure que son nom vivra dans cette ville comme celui du bon Stanislas, son ancien bienfaiteur.

On ne saurait passer sous silence la délibération suivante prise le 3 août 1857, par le comité supérieur de l'instruction primaire de l'arrondissement de St-Dié, à l'occasion de la retraite de M. Loye.

« Le comité, assemblé sous la présidence de M. Febvrel, vice-
« président, en l'absence de M. le sous-préfet,

« Sur la proposition d'un membre qui s'est rendu l'interprète
« des sentiments qui animent tous ses collègues, vivement peinés
« de la perte que le comité est sur le point de faire de son digne
« président, qui a pris une part aussi active et aussi utile à ses tra-
« vaux;

« Le comité appréciant tout le mérite des services rendus à l'ins-
« truction élémentaire par M. Loye qui, par ses vives sollicitations,
« a obtenu en faveur de 59 communes de l'arrondissement des se-

« cours du gouvernement pour acheter, construire ou réparer
« leurs maisons d'école, et n'a rien négligé pour faire participer
« aux mêmes avantages le petit nombre de celles qui se trouvent
« encore dans la même position, mais dont les autorités locales ne
« se sont pas soucié de remplir les formalités que leur avait indi-
« quées et instamment recommandées M. le sous préfet;

« Appréciant aussi l'esprit de conciliation qui caractérise M.
« Loye et qui lui a fait entreprendre de nombreux voyages pour
« maintenir ou rétablir l'harmonie entre les différentes autorités et
« prévenir les conflits qui auraient pu porter obstacle au dévelop-
« pement ou à l'amélioration de l'enseignement ;

« A résolu unanimement de voter des remerciments à M. Loye
« et de consigner, dans le registre des délibérations, l'expression
« de ses justes regrets pour la perte qui résultera de sa démission,
« du bon souvenir que le comité conservera de tout le bien qu'il a
« fait pour la propagation de l'instruction primaire, et de la recon-
« naissance de ses membres pour les relations si franches et si obli-
« geantes qu'il a constamment entretenues avec eux.

« Un extrait de la présente délibération sera offert à M. Loye,
« comme un gage de l'estime, de l'attachement et de la gratitude
« de ses collègues.

« Fait et délibéré, présents : MM. Febvrel, Ferry, Blondin, Ca-
« quel, Houel, qui ont signé : lecture faite. »

A la séance du 17 août 1857, MM. Abram de Zincourt et Arra-
guin qui n'assistaient pas à celle du 5 août, ont demandé de s'associer au vœu de leurs collègues.

Le 7 du même mois, M. Caumont, recteur de l'académie de
Nancy, regrettait le départ du sous-préfet de Saint-Dié et lui écrivait : « Vous traitez les affaires avec conscience et désintéresse-
« ment et vous m'avez secondé avec tant de bienveillance, de zèle,
« que j'ai peine à espérer la continuation des excellents rapports
« que j'entretiens avec votre arrondissement. »

Tous ces témoignages authentiques sont une preuve évidente de l'accomplissement des obligations que M. Loye s'était imposées en arrivant à St-Dié sept ans auparavant, et ils dispensent de donner de plus amples détails sur les progrès obtenus et sur les améliorations effectuées dans l'arrondissement par la puissante initiative de son sous-préfet.

Il dressa lui-même l'inventaire du mobilier, des livres, registres et papiers existant à l'hôtel de la sous-préfecture de St-Dié, en remettant son service entre les mains de M. des Herbiers, son successeur, le 3 octobre 1857.

On se rappelle encore à St Dié son activité, sa bonté et son affabilité à l'égard de tous. Arrivé à la tête de l'arrondissement dans des temps difficiles, il fit preuve d'une haute sagesse, se fit aimer et estimer des honnêtes gens et du clergé qu'il protégea efficacement contre les populations mal intentionnées, tout en conservant son autorité sur le parti libéral. Enfin M. Loye se montra à St-Dié tel qu'il était, c'est-à-dire un homme de principes, d'un jugement droit et d'un caractère à la fois aimable et digne.

Pendant qu'il fut sous-préfet, il entretint une correspondance assez suivie avec plusieurs personnages importants ; mais, comme ces relations se continuèrent plus tard, il en sera question en temps et lieu ; disons déjà en passant que ce fut par l'intermédiaire de ces puissants auxiliaires que M. Loye fut si utilement le protecteur d'un nombre considérable de ses compatriotes; il procura aux uns, sur leur demande, les places qu'ils sollicitaient et dont ils étaient dignes, aux autres, un avancement mérité, et il n'est pas d'administration dans laquelle il n'ait fait entrer quelques-uns de ses protégés.

Si les regrets de l'arrondissement qu'il quittait suivirent M. Loye à Bruyères, la joie des habitants de cette ville l'y avait précédé ; il y était attendu avec impatience ; personne n'avait oublié les bienfaits qu'il y avait répandus et dont on jouissait de plus en plus.

Il avait été d'autant plus difficile de le remplacer en 1830 que le fardeau de la mairie avait été mieux porté par lui. M. Didiergeorges, Antoine-François, s'en chargeait bien au mois de septembre, mais il le déposait deux mois après. M. Claudel, son successeur, ne resta guère plus longtemps en fonctions et, le 25 avril 1831, M. le Préfet se décidait à consulter les 100 habitants les plus notables et les plus imposés de Bruyères sur le choix d'un maire et d'un adjoint. Ce mode exceptionnel d'élection était devenu nécessaire dans la situation embarrassante où l'on se trouvait. Il réussit. M. Grandferry, père, fut présenté et nommé maire ; il administra pendant sept ans à la satisfaction générale.

Après sa démission, l'administration municipale fut confiée à M. Merlin, puis à M. Gérardin ; malgré ces trop fréquents changements, elle avait continué l'œuvre des progrès et des améliorations dans laquelle il est écrit que l'homme ne doit jamais s'arrêter sous peine de reculer ; les principales mesures nouvelles prises dans cette voie concernent les chemins vicinaux, la formation d'une compagnie de sapeurs-pompiers, l'éclairage de la ville, la construction d'une halle aux grains, la continuation des semis forestiers dans les montagnes communales, le projet de la reconstruction de l'église pour laquelle les fonds manquaient, la création d'une salle d'asile, la délimitation et le bornage desdites montagnes nouvellement boisées, etc., etc.

Des élections municipales ayant eu lieu le 24 mai 1840, M. Loye fut élu en tête de la liste des conseillers par 97 suffrages sur 109 votants. Son honorabilité et son indépendance n'avaient pas échappé aux magistrats de l'ordre judiciaire ; par ordonnance du 9 août 1840, il fut appelé aux fonctions de suppléant du juge de paix. Mais l'état de sa santé ne lui permit pas alors de se déplacer pour prêter serment, et dans l'impossibilité de remplir cette formalité, il donna sa démission avant son installation.

A cette époque, les comités locaux d'instruction primaire

croyant qu'il existait des inconvénients à ce que les enfants des deux sexes, âgés de 6 à 9 ans, fussent réunis le dimanche sous la direction d'un maître ou d'une maîtresse pour réciter le petit catéchisme, avaient décidé la suppression de cette religieuse habitude. M. Loye intervint utilement au mois de novembre 1840 pour son maintien, indépendemment du catéchisme enseigné par le curé à l'église le même jour aux enfants de 10 à 14 ans, et à cette occasion il écrivait à M. le Préfet : « Etudier les vœux, les besoins, les
« mœurs des populations, faciliter à chacun l'accomplissement de
« ses devoirs, c'est là, selon moi, un principe fécond de bonne ad-
« ministration ; j'ai tâché de le mettre en pratique lorsque j'avais
« l'honneur d'être magistrat, je m'en suis toujours bien trouvé. »

Le 6 août 1841, les membres du conseil municipal de Bruyères délibéraient en séance l'adresse suivante à M. le Préfet des Vosges :

« Informés par M. Gérardin lui-même qu'il est dans l'intention
« de résigner ses fonctions de maire, nous prenons la liberté de
« vous faire connaître que le vœu général de la commune est qu'il
« soit remplacé par M. Loye, premier inscrit sur le tableau des
« conseillers municipaux. Déjà M. Loye a exercé pendant 10 an-
« nées consécutives les fonctions de maire de cette commune ; il
« ne les a quittées que pour aller remplir celles de sous préfet à
« St-Dié en 1830.

« Tous les habitants ont encore présents les services signalés
« qu'il a rendus pendant son administration, soit à la commune,
« soit à notre hospice.

« En effet, c'est à son zèle que nous sommes redevables des
« beaux semis qui couvrent nos montagnes dont l'aspect était au-
« trefois si hideux ; c'est à sa sollicitude que nous devons d'avoir
« une des plus belles routes du département, celle de Bruyères à
« Grandvillers, impraticable avant, et si à l'entrée et à la sortie de
« notre ville, il a été établi, aux frais du département, un pavé

« en cailloux sur une assez longue étendue, c'est encore à ses
« soins que nous devons cet avantage, de même que la nouvelle
« route de Bruyères à Cheniménil.

« Et de quelle reconnaissance ne sont pas pénétrées les nom-
« breuses victimes du déplorable incendie du 6 juillet 1822 pour
« les secours abondants qu'il leur a fait obtenir et pour lesquels
« ils lui ont décerné une médaille d'argent en témoignage de leur
« profonde gratitude.

« Toujours animé du bien public, M. Loye par ses recherches et par
« ses démarches, est parvenu à découvrir plusieurs hagis situés à
« Mortagne, appartenant à notre hospice, ce dont personne avant
« lui n'avait aucune connaissance; il les a fait borner et reconnaître
« par l'administration forestière : aujourd'hui cet établissement en
« retire annuellement de 36 à 45 stères de bois de chauffage.

« L'administration toute paternelle de M. Loye n'a été qu'une
« suite continuelle de dévouement aux intérêts de la commune et
« au bien-être de ses concitoyens. C'est avec bonheur qu'ils l'ont
« vu rentrer au milieu d'eux; tous le réclament pour maire, ainsi
« que l'attestent les élections de 1840, dans lesquelles il a obtenu
« la totalité des suffrages moins douze.

« Parlerons-nous de son attachement au gouvernement consti-
« tutionnel ? Nul n'est plus dévoué au Roi et à nos institutions, et
« toujours il a su faire respecter les lois et maintenir l'ordre et la
« tranquillité publiques.

« Interprètes des sentiments et des vœux manifestés de nos con-
« citoyens, nous venons avec confiance, Monsieur le Préfet, vous
« exprimer ces vœux pour que vous ayez la bonté de confier à M.
« Loye, comme au plus digne, l'administration de notre ville, si,
« comme nous l'assure M. Gérardin, il vient de vous remettre sa
« démission. »

Cette belle page de l'histoire de M. Loye est due à la plume et
aux sentiments de M. Henry, alors secrétaire de la mairie depuis

plus de 40 années; elle fut signée par MM. Léonard, adjoint, Henry, Alexis Fetet, Mathieu, J.-N. Constant, Léon Nètre, F. Simon, C. Contal, Grandferry, N. Pierre, Jeandon et Viry Paxion, conseillers.

L'administration municipale fut plus heureuse que la magistrature, et, cette fois encore, elle put s'associer M. Loye. Par une dépêche du 21 août 1841, M. le Préfet des Vosges lui annonçait la démission donnée par M. Gérardin de ses fonctions de maire, et lui disait : « Vos honorables antécédents et les témoignages d'estime
« que vous a donnés le conseil municipal lui-même ont dû fixer
« mon choix sur vous, Monsieur, et je viens, par arrêté de ce jour
« vous nommer maire de la ville de Bruyères.

« J'ai lieu d'espérer que vous voudrez bien accepter ces fonc-
« tions, qui vous mettront à même de rendre de nouveaux services
« à l'administration en général, à la ville de Bruyères et aux établis,
« sements d'instruction en particulier »

La direction de la mairie de Bruyères était certainement moins pénible que celle de l'arrondissement de Saint-Dié. M. Loye s'y dévoua de nouveau, sacrifiant aussi son repos au bonheur de ses concitoyens La joie fut grande à cette nouvelle; elle se manifesta publiquement par une fête brillante, une ovation mémorable qu'un journal de Nancy racontait en ces termes au mois de septembre 1841 :

« Le 29 août dernier, on a fait à Bruyères la réception de M.
« Loye comme maire de cette ville. M. Loye est un de ces hom-
« mes trop rares qui, sortis des conditions les plus humbles, sa-
« vent par leur mérite s'élever à une haute considération dans la
« Société et ne profitent de leur élévation que pour faire du bien.

« Entré jeune dans la carrière militaire, il sut, par ses talents
« administratifs, se concilier l'estime de ses chefs dans les fonctions
« délicates qu'il exerça comme quartier-maître. Rentré dans sa
« ville natale, il l'administra pendant dix ans avec un dévouement

« sans bornes et lui prépara une existence beaucoup plus aisée pour
« l'avenir. Des montagnes qui, jusque-là, étaient restées stériles,
« sont aujourd'hui, par ses soins, couvertes de belles plantations
« qui, déjà, peuvent produire ; des routes qui facilitent l'abord de
« la ville, jadis presque inaccessible, et des établissements égale-
« ment utiles ont signalé cette dernière période de sa carrière ad-
« ministrative.

« La révolution de 1830 lui tint compte de ses travaux et le char-
« gea de la Sous-Préfecture de Saint-Dié; sept années d'adminis-
« tration, qui resteront comme un modèle de travail et de zèle, lui
« ont gagné tous les cœurs généreux. M. Loye alors demanda sa
« retraite pour venir achever au milieu de ses concitoyens, une vie
« déjà si utilement employée; mais après de vives sollicitations, il a
« accepté de consacrer de nouveau les jours de sa maturité au
« bonheur de sa patrie.

« A peine a-t-on connu son acceptation que la joie la plus vive
« s'est répandue dans toute la ville; toutes les classes de la société
« se sont empressées de venir en corps lui témoigner leur conten-
« tement; ça été un vrai jour de fête.

« Tous les moyens qui sont à la disposition de l'homme pour
« exprimer ses sentiments ont été employés pour célébrer digne-
« ment cet événement : Parade de la compagnie des sapeurs-
« pompiers, feux d'artifice, illuminations (à vrai dire presque gé-
« nérales), sérénades, où tout s'est accompli avec une spontanéité
« et un accord remarquables, présage d'union et d'harmonie. Cette
« inauguration laissera dans les âmes de bien doux souvenirs. »

(*Le Patriote de la Meurthe*, du 24 septembre 1841.)

Ces souvenirs, en effet, sont conservés à Bruyères, et tous ceux
qui ont vu la fête du 29 août 1841 se la rappellent comme s'ils y
assistaient encore; elle fait époque dans leur vie comme dans les
annales de la ville.

Avant de rappeler les principaux actes de la nouvelle administration de M. Loye, il faut dire un mot des affaires pendantes qu'il avait à terminer en acceptant l'écharpe municipale.

La 1re fut celle du perron des capucins. Au mois de mars 1840, M. J. J. Mougeot, de Bruyères fit démolir l'extrémité nord du mur de soutènement de ce perron longeant la route n° 6 dans la ville de Bruyères et il se préparait à faire enlever les terres de l'allée qui conduit aux habitations des acquéreurs de l'ancien couvent et de ses dépendances, lorsque ceux-ci le citèrent pour trouble en justice de paix où l'adjoint de la ville de Bruyères, faisant fonction de maire intervint et prit les fait et cause de M. Mougeot. L'action des demandeurs fut rejetée devant cette juridiction, mais sur leur appel et par jugement du 26 janvier 1844, le tribunal mit hors de cause M. Mougeot et condamna la ville de Bruyères : 1° à remettre les lieux en leur ancien état dans le délai de quinze jours après la signification du jugement; 2° à payer les frais de l'instance.

Ces frais furent bien acquittés par M. Mougeot qui en avait garanti le paiement à l'adjoint, mais les suites de cette affaire furent laborieuses pour M. Loye qui s'en occupa avec activité. Il fallait concilier, dans la reconstruction du mur, des intérêts nombreux et contradictoires; ceux de l'administration des ponts-et-chaussées qui voulait le rélargissement de la route et conséquemment le rétrécissement de l'allée des capucins; ceux des nombreux propriétaires de cette allée qui avaient obtenu en justice le rétablissement des lieux dans leur état ancien; et ceux de la ville qui commandaient au Maire de ménager les dépenses auxquelles ce rétablissement devait donner lieu. Ce ne fut qu'après une longue correspondance administrative qu'il put mener cette affaire à bonne fin.

La question de la propriété de la forêt de Boremont était restée à peu près dans l'état où l'avait laissée M. Loye en 1829; il en pressa de nouveau la solution en 1842, et le 9 novembre M. le ministre des finances décidait qu'il ne serait donné aucune suite à la sommation signifiée au maire de Bruyères le 2J janvier 1829.

Cette ordonnance est motivée sur ce que les titres du domaine n'avaient pour objet que des droits d'usage, qu'il n'avait été découvert aucun acte de l'aliénation qui paraissait remonter à 1585, qu'ainsi elle échapperait aux dispositions révocatoires de la loi du 14 ventôse, an VII, par suite de la jurisprudence adoptée par la Cour de cassation relativement aux aliénations antérieures au 1er janvier 1600.

Le 17 décembre 1842, M. Bresson, directeur général des forêts, écrivit en outre à M. Loye « qu'aucun titre postérieur à 1600 n'ayant établi la concession de Boremont, la loi du 14 ventôse, an VII, était inapplicable, et qu'il était douteux que la commune de Bruyères fut ultérieurement troublée dans sa possession.

A partir de ce moment, le résultat de cette contestation parut assuré, mais ce n'a été cependant que le 19 juin 1860 qu'une décision définitive est intervenue en faveur des communes de Bruyères et de Champ-le-Duc et a déclaré que l'Etat ne leur contesterait pas la propriété de Boremont dont elles étaient en possession.

M. Loye reprit le plan d'administration qu'il s'était tracé dans son rapport à M. le Préfet en date du 7 décembre 1825 ; en 1842, il obtenait de vendre 5,000 stères de bois à Boremont et d'employer 3,000 francs du prix à l'assainissement de cette forêt.

Il était susceptible, c'est-à-dire qu'il s'offensait aisément quand il se croyait attaqué ou blessé dans son incontestable délicatesse par un fonctionnaire quelconque; en voici un exemple: Au commencement de l'année 1842, il crut voir, dans une lettre qu'il reçut de M. le Préfet une phrase de désapprobation ou de critique s'adressant à lui ; il donna la démission de ses fonctions de maire. Le 4 février M. le Préfet lui écrivait : « Quoi ! Monsieur le Maire, ce se-
« rait au moment où vous rendez à Bruyères sa bonne adminis-
« tration, au moment où vous avez, de la part de vos concitoyens,

« l'assentiment le plus unanime et, de la part du Préfet, la con-
« fiance la plus entière, et après les témoignages publics et parti-
« culiers qu'il s'est plu à vous rendre, ce serait à ce moment que,
« pour une phrase de bureau sévèrement interprétée, vous vien-
« driez renoncer à des fonctions où vous faites tant de bien ! Non,
« je l'espère, ce ne sera pas ; je vous le demande comme un plai-
« sir, comme un service, et vous ne me le refuserez pas. »

M. Loye comprit qu'il avait eu tort de donner sa démission ; il la retira immédiatement.

Sous son habile direction, l'administration municipale fit un règlement pour l'exploitation des carrières, demanda l'établissement d'un courrier à cheval d'Epinal à Bruyères, fit soumettre au régime forestier les montagnes communales boisées depuis 1822 sur une étendue de 180 hectares.

M. Loye prit une grande part à la direction des travaux sur la commune de Laveline-devant-Bruyères du chemin n.° 22 et du pont sur le Neuné.

Il obtint, au profit des usagers de Bruyères, dans la forêt domaniale de Bois-de-Champ, des devis qui leur étaient contestés, pour réparations de leurs maisons construites postérieurement à 1789.

Le 30 avril 1843, il fut réélu maire en exécution de l'article 4 de la loi du 22 mars 1831, et fut réinstallé le 17 septembre suivant jour du 66ᵉ anniversaire de sa naisssance.

La construction d'une nouvelle église en remplacement de l'ancienne devenue trop petite et qui tombait de vétusté était de plus en plus urgente à Bruyères ; c'était bien en vue surtout de réaliser ce grand projet que le Conseil municipal avait rappelé M. Loye, qui, dès 1827 et 1830, avait fait décider en principe cette construction; elle fut toujours retardée par le manque de ressources et aussi par l'établissement d'une halle aux blés devenue également nécessaire.

De 1837 à 1841, la ville de Bruyères s'était, au moyen d'échanges et d'acquisitions, approprié des terrains suffisants pour bâtir l'église ; elle en avait préparé le programme; les plans et les devis étaient dressés par M. Grillot, architecte, et la dépense devait s'élever à 118,925 francs.

Pour y faire face, on vendit des terrains communaux, on ouvrit une souscription, on aliéna des terrains ascensés, on demanda l'autorisation de faire deux coupes extraordinaires dans la forêt de Boremont, on réclama des secours du gouvernement, enfin on réduisit les dépenses communales au plus strict nécessaire; rien ne fut épargné ni négligé.

On en était là quand la mairie devint vacante et quand M. Loye fut appelé de nouveau à la diriger; il fallait tout le courage et toute l'autorité dont il avait fait preuve tant de fois pour se charger, à son âge, d'un aussi lourd fardeau et pour sortir de la situation avec honneur.

A peine installé, il apprend que la demande de secours formée près du gouvernement peu de temps auparavant, était tardive, et que l'épuisement des fonds de l'exercice 1841 ne permettait pas de l'accueillir; il en forme une nouvelle, fait mettre les travaux de l'église en adjudication le 6 juillet 1842; M. Jolibois, de Fontenoy-le-Château, est déclaré adjudicataire et associe à son entreprise, M. Dubois, maître serrurier à Epinal. Le Conseil municipal vote une imposition de cinq centimes par franc sur les 4 contributions pendant 5 ans; on obtient de prendre les bois de construction dans la forêt de Boremont ; M. le Ministre de la justice et des cultes accorde un secours de 4,000 francs ; l'église s'élève ; la souscription volontaire des habitants produit 4,168 francs; on demande et on reçoit en 1844 un nouveau secours de 4,000 francs du même ministère ; enfin l'église est construite avant l'expiration du délai accordé à M. Jolibois, grâce à la bonne direction imprimée aux travaux par l'architecte, l'entrepreneur et le maire.

M. Loye fut, comme toujours, largement récompensé de ce succès par les habitants de Bruyères comme l'atteste la délibération suivante du 10 novembre 1844 transcrite sur les registres déposés à l'Hôtel-de-Ville.

« Le conseil municipal, réuni en session ordinaire, a offert à
« M. Loye, maire, une médaille d'or que, par suite d'une souscrip-
« tion, ses concitoyens lui ont fait frapper comme un témoignage
« de reconnaissance.

« Puis M. Grandferry, doyen des conseillers, a pris la parole en
« ces termes :

« Monsieur le maire, je n'ai jamais mieux senti qu'aujourd'hui
« de quel prix peut être le titre de doyen des conseillers, je n'a-
« vais jamais songé qu'il pût y avoir quelque bonheur à user des
« prérogatives attachées à ce titre.

« Lorsque mes collègues, à qui j'offre l'expression de mes
« sincères remerciments m'ont fait l'honneur de me choisir pour
« vous prier d'accepter cette médaille comme un hommage mérité
« à plus d'un titre, comme un témoignage de reconnaissance, j'ai
« compris toute l'étendue de ma mission. Veuillez croire, M. le
« maire, que si en cette circonstance, je suis l'interprète, non
« seulement de mes collègues, mais encore de mes concitoyens,
« c'est avec un sentiment de bonheur rendu plus vif encore par
« votre amitié pour moi, que je viens remplir cette mission, ce de-
« voir. La ville de Bruyères vous doit beaucoup, M. le Maire, vous
« lui avez sacrifié votre vie, alors que vous sembliez n'avoir plus
« qu'à jouir, dans une existence paisible en dehors de toute agita-
« tion, du repos que vous aviez acquis en payant noblement votre
« dette à la patrie. Vous vous êtes épris pour elle d'un dévoue-
« ment sans bornes : sacrifices de tous genres, soins, veilles, re-
« cherches, démarches, vous lui avez tout consacré. Vous avez,
« pour elle, surmonté tous les découragements, tous les dégoûts,
« inséparables de toute administration, aplani toutes les difficultés,

« vaincu tous les obstacles qui s'opposaient à l'accomplissement de
« vos projets d'amélioration.

« Et à qui, si ce n'est à vous, M. le maire, notre ville doit-elle
« la construction des routes de Bruyères à Grandvillers, de
« Bruyères à Docelles ? Et alors il était donné à tous de compren-
« dre l'étendue de votre dévouement, car chaque jour, oui cha-
« que jour, chacun vous a vu assister, veiller à l'exécution de ces
« travaux importants. Et pour cela que d'entraves n'avez-vous
« point écartées.

« Si nos montagnes ont cessé d'être d'un triste aspect, d'être
« vouées à la stérilité ; si, déjà productives, elles sont si riches
« d'avenir, est-il nécessaire de dire que ce bienfait est votre ou-
« vrage ? que, devançant votre époque, vous avez trouvé, dans
« votre amour pour vos concitoyens le secret d'une si précieuse
« ressource pour eux ?

« Si les pauvres qui habitent la circonscription de l'hôpital de
« Bruyères savaient comme nous ce qu'il vous en a coûté de dé-
« marches et de travail de cabinet pour améliorer et augmenter
« les ressources de cet établissement charitable, eux à qui revient
« le profit, ils béniraient à bon droit votre nom. En effet, l'hôpital
« était propriétaire de plusieurs hagis répandus sur le territoire de
« Mortagne et de Fiménil ; mais, soit que la jouissance en eût été
« contestée ou abandonnée, soit que les titres qui en établissaient
« la propriété eussent été égarés, l'existence de ces hagis étaient
« un problème. Il vous a été donné de le résoudre. Mais on ne
« saura sans doute jamais à quelles incessantes recherches vous
« avez dû vous livrer pour revendiquer et obtenir la possession
« de ces propriétés d'une valeur inestimable pour l'hôpital.

« En faisant paver l'entrée et la sortie de la ville, vous avez
« fourni une preuve de plus que vous avez songé à la fois à ce qui
« peut être utile et à ce qui peut être un embellissement pour
« Bruyères, et ce qui rehausse le prix et l'excellence de cette me-

« sure, c'est que, au lieu d'y employer les ressources communales,
« vous avez su obtenir que ces travaux fussent exécutés sur les
« fonds départementaux.

« Vous rappelerons-nous, M. le maire, ce qui est encore aujour-
« d'hui un souvenir vivant dans l'esprit de tous, nous voulons dire
« la catastrophe du 6 juillet 1822 ? Faut-il dire que si les malheu-
« reux incendiés ont obtenu des ressources qui formaient à peu
« près l'équivalent de leurs pertes, c'est à vous en grande partie,
« M. le maire, et aux ressorts que vous avez fait agir, qu'ils ont
« dû de n'être pas réduits au plus affreux dénûment.

« En nous reportant à une époque où, rendant hommage à vos
« talents administratifs et voulant les utiliser dans une sphère plus
« élevée, le roi vous nomma sous-préfet de l'arrondissement de
« Saint-Dié, nous ne croyons pas nous écarter de notre sujet ; car,
« là encore, vous n'avez cessé d'exercer envers ceux de nos conci-
« toyens qui en éprouvaient le besoin, la plus paternelle bonté et
« nous savons à quelle protection plusieurs jeunes gens, nos conci-
« toyens, doivent d'honorables emplois.

« Que dirons-nous maintenant, M. le maire, de cet édifice, de
« cette église qui a surgi comme par enchantement et s'élève si
« majestueusement au sein de notre ville? Il y a 3 ou 4 ans, à n'en
« juger que par les ressources dont Bruyères pouvait disposer, la
« construction de cette église était un projet chimérique.

« Le découragement nous gagnait, il y avait impossibilité maté-
« rielle, il fallait ajourner l'exécution de ce projet gigantesque, et
« l'ajournement, nous le savions, vous le saviez, Monsieur, était
« le renoncement à la réalisation d'une espérance bien chère. Mais
« que ne peut, dans un homme, la confiance en sa capacité, le
« sentiment de sa force, la persévérance jointe à une adroite com-
« binaison des moyens pécuniaires et du concours général des ha-
« bitants ? Que ne peut une volonté ferme qui tire sa force du
« désir de faire du bien ? Vous avez voulu doter Bruyères de ce

« monument remarquable qui est devenu pour nous un sujet de
« joie et d'orgueil, et vous l'avez fait. Mais vous seul le pouviez,
« vous seul pouviez faire avec succès un appel à des amis haut
« placés et faire enfin l'emploi le plus judicieux des fonds.

« Vous avez, au-delà même de nos espérances, accompli cette
« noble tâche ; la nôtre est de vous offrir des remerciments de
« toute la sincérité de notre âme.

« M. le maire, vous avez bien mérité de la ville de Bruyères !
« En vous offrant cette médaille que le conseil municipal et vos
« concitoyens, par mon organe, ont l'honneur de vous présenter;
« les habitants de Bruyères veulent que vous demeuriez persuadé
« qu'ils gardent dans leurs cœurs et qu'ils transmettront à leurs
« descendants le souvenir impérissable de votre administration.

« Maintenant, il reste au conseil municipal un vœu à former. Si
« ce vœu s'accomplit, les habitants de Bruyères vous posséderont
« longtemps encore, longtemps encore et comme par le passé,
« vous dirigerez et vous soutiendrez les intérêts de la ville de
« Bruyères. »

Monsieur le maire a répondu :

« Messieurs, je ne saurais assez vous remercier du témoignage
« précieux d'extrême bienveillance et de grande bonté dont vous
« voulez bien m'honorer ; c'est attacher un beaucoup trop haut
« prix à mes faibles travaux, je n'ai, en effet, accompli qu'un sim-
« ple devoir en faisant exécuter vos délibérations, et aucune ré-
« compense ne m'était due pour avoir rempli, bien qu'avec quel-
« que bonheur peut-être, des obligations qui me sont imposées,
« et atteint le noble but que vous vous étiez proposé.

« Tout d'ailleurs est facile, Messieurs, avec des conseillers tels
« que vous, avec des conseillers uniquement animés de l'ardent
« amour du bien, ennemis de toute discussion oisive et violente,
« de toute opposition systématique, étrangers à tout esprit de
« parti et dont les réunions sont de véritables assemblées de fa-

« mille où règne exclusivement cet esprit de paix, de concorde et
« de confiance mutuelles si rare dans le temps qui court. Ainsi,
« Messieurs, toujours je viens avec plaisir à vos réunions, et tou-
« jours j'en sors avec le cœur content, ce qui rend toutes les fois
« mon travail doux et agréable.

« En vous réitérant, Messieurs, l'expression de ma vive grati-
« tude, j'ose espérer la continuation de cette utile coopération qui
« facilite l'accomplissement de ma tâche, et cette sympathie qui
« adoucit les peines et sans laquelle le poste ne serait guère tena-
« nable.

« Je remercie aussi ceux de mes concitoyens qui ont bien voulu
« s'associer à une œuvre dont le glorieux souvenir ne s'effacera ja-
« mais de ma mémoire reconnaissante.

« Enfin, Messieurs, vous ne pouviez choisir un organe qu'il me
« fût plus agréable d'entendre.

« En passant par la bouche de ce digne interprète, les paroles
« qui m'ont été dites ont acquis un nouveau prix et je vous fais,
« ainsi qu'à lui, de sincères remerciments à ce sujet. »

« Le conseil municipal délibère en outre que, pour perpétuer le
« souvenir de l'administration éclairée et bienfaisante de M. Loye,
« l'inscription suivante, en lettres dorées sur marbre sera placée
« à l'endroit le plus apparent de l'intérieur de l'église. »

CETTE ÉGLISE A ÉTÉ CONSTRUITE PAR LES SOINS DE M. J.-B. LOYE

Chevalier de la Légion d'honneur et de St-Louis, Maire de la ville de Bruyères, avec le concours du conseil municipal,

COMMENCÉE LE XV JUILLET MDCCCXLII

ELLE A ÉTÉ TERMINÉE LE XXIX SEPTEMBRE MDCCCXLIV.

« Le conseil municipal vote en conséquence les fonds nécessaires
« pour cette dépense.

« Fait à Bruyères, etc.

« Signé : Grandferry, Henry, Alexis Fetet, L.-C. Contal, J.-D.

« Balland, J.-F. Pierre, Viry-Paxion, F. Simon, Léonard, Henry,
« J.-H. Constant, Michel Grandferry, Léon Nêtre. »

La joie était grande parmi les habitants de Bruyères, mais cependant tout n'était pas encore fini et les soucis des administrateurs n'étaient pas dissipés. La ville de Bruyères était endettée ; l'économie et la réserve qui avaient toujours présidé à leurs actes leur faisaient un devoir de liquider la situation, et il fallait encore placer les autels, poser des vitraux, monter les cloches, établir des bancs dans l'église et l'entourer d'un mur d'enceinte ; de 1844 à 1846 ces derniers travaux furent exécutés et les fonds votés pour les acquitter. L'église et ses accessoires coûtaient environ 100,000 fr., sans compter le prix d'acquisition des terrains pour son emplacement. Cette acquisition permit aussi d'ouvrir au sortir de Bruyères, l'entrée d'une route assez large pour aller à St Dié par Brouvelieures et par la vallée des Rouges-Eaux.

Au milieu des travaux et des soucis de son administration municipale, M. Loye n'oubliait pas les devoirs officieux que lui imposait moralement son ancienne position de sous-préfet. Il portait un vif intérêt aux habitants de l'arrondissement de Saint-Dié, et, comme il le leur avait dit en les quittant, il contemplait leurs travaux et s'y associait en pensée et en esprit. Il ne s'en tint pas là, il y prit une part active en faveur de quelques communes qui avaient l'avantage d'être peu éloignées de Bruyères.

C'est ainsi qu'au mois de novembre 1842, il préparait aux habitants des communes des Rouges-Eaux et de Bois-de-Champ les moyens de faire construire une église et de leur épargner un déplacement de 15 kilomètres au plus et de 4 kilomètres au moins pour se rendre à celles de Belmont dont ils étaient paroissiens.

Il dressait le modèle des délibérations à prendre par les conseils municipaux des deux communes intéressées, fixait, d'après les renseignements qu'ils lui avaient fournis, la part à supporter par chacune dans la dépense qui était évaluée à 21,948 fr. 93 cent. et indiquait la manière de la couvrir.

En 1844, on procéda à l'adjudication de l'église pour 23,603 fr.; on en commença la construction; mais, comme il arrive fréquemment, comme il était arrivé à Bruyères, l'argent manquait pour la terminer. M. Loye au nom des habitants des Rouges-Eaux et de Bois-de-Champ, forma une demande de secours à M. le garde des sceaux.

L'église de cette belle vallée fut terminée en décembre 1845 et l'office divin y fut célébré pour la première fois la nuit de la veille de Noël. La bénédiction solennelle de cet édifice n'eut lieu qu'un an plus tard, le 20 décembre 1846.

L'instruction publique fut constamment l'objet de la sollicitude de M. Loye. De 1841 à 1846, il demanda et on lui accorda chaque année des subventions pour l'entretien et les réparations des maisons d'école, pour achats de livres ; mais les ressources communales ne lui permirent pas de faire ce qu'il aurait voulu, ce qui eût été désirable dans l'intérêt des instituteurs.

Il aimait à présider chaque année la distribution de prix aux élèves ; elle était son œuvre ; il y prononçait des discours qu'il nous a laissés et qui sont des modèles dans leur genre. Après y avoir exposé ce que l'Etat fait pour propager l'instruction, il encourage les élèves au travail qui peut les conduire à des postes élevés et doit toujours les rendre vertueux ; il encourage les parents à profiter des bienfaits de l'instruction, plus généreusement dispensés qu'autrefois et il remercie les maîtres de leurs soins et des succès qu'ils ont obtenus.

Il en faisait autant pour la salle d'asile dont la création à Bruyères est due à l'imitateur du vénérable pasteur Oberlin, M. Merlin, que M. Loye se plaisait à proclamer publiquement dans ses discours, et à juste titre, le plus ancien, le plus bienfaisant de tous les protecteurs de cet établissement.

Les institutions et les associations charitables trouvaient toujours M. Loye disposé à leur venir en aide pour le soulagement des mal-

— 60 —

heureux ; il implora à différentes reprises la bienfaisance de la reine et des princesses de la maison d'Orléans et chaque fois il en obtint des secours ou des lots de prix pour les loteries organisées par les dames de charité de Bruyères.

Comme sous sa première administration municipale, il continua de réclamer de la munificence du gouvernement des secours et des faveurs pour toutes les infortunes, pour toutes les misères qui lui étaient signalées et recommandées, de même qu'il faisait récompenser les actes de dévouement.

Il redoubla encore de zèle lorsque la cherté des vivres vint en 1846, augmenter le nombre des indigents ; il obtint un secours de 500 fr. pour le bureau de bienfaisance et une subvention de 1,350 fr. qu'il employa sur le chemin de Belmont à des travaux effectués par les hommes qui se trouvaient dans le besoin.

Il compléta à la même époque les mesures de police qu'il avait prises 15 ans auparavant pour la répression et la surveillance des bals publics.

Il était plein de déférence pour ses collègues du conseil municipal. Il avait l'habitude de leur faire part de toutes les affaires administratives qui n'avaient rien de confidentiel, de les initier à toute l'administration ; c'est ainsi qu'il s'était attiré leur confiance et leur estime qui ne lui firent jamais défaut. Tout entre eux et lui se passait sans bruit, comme en famille; les affaires s'expédiaient promptement ; chacun n'avait qu'à y gagner.

M. C... alors garde-général à Bruyères, qui devait être, comme tous les habitants de la ville, heureux de l'accord qui régnait dans l'administration, dit publiquement dans un café un jour du mois de juillet 1846 : « *Il y a dans le conseil municipal de Bruyères douze mannequins dont les têtes se meuvent suivant la volonté du chef.* »

Il répéta ce propos blessant pour les membres du conseil municipal et pour M. Loye qui en étant instruit donna sa démission le 21 du même mois sans en dévoiler le principal motif. M. le Préfet

informé de ce qui s'était passé fit réprimander sévèrement M. C....
et écrivit à M. Loye pour lui exprimer sa peine et sa surprise en
ajoutant :

« Ne persistez pas dans votre démission, je vous le demande au
« nom du bien du service, au nom de cette bienveillance parfaite
« dont vous m'avez donné tant de preuves et pour laquelle je pro-
« fesse la plus sincère reconnaissance. »

Le 23 juillet, M. Loye répondit à M. le Préfet :

« C'est bien réellement la débilité de ma santé qui est la raison
« dominante de la détermination que j'ai prise de quitter les fonc-
« tions publiques ; à cela il faut joindre les importunités, les pei-
« nes et parfois le dégoût qu'entraine leur exercice, surtout par le
« temps qui court ; j'ai d'ailleurs le plus grand besoin de repos et
« de tranquillité après de si longs services militaires et civils, il faut
« au moins que je puisse vivre un peu avec moi-même. D'un autre
« côté, M. le Préfet, je n'ai accepté la mairie que pour présider à
« la reconstruction de notre église ; or cet édifice est achevé, non
« sans peines et sans tourments pour moi. Il est en effet impossi-
« ble de s'imaginer combien j'ai souffert pendant la durée de cette
« construction ; crainte d'insuccès de l'entreprise, crainte de refus
« de coupes de bois, crainte d'insuffisance de ressources, crainte
« d'endetter la ville, enfin il n'est craintes dont mon pauvre moral
« n'ait été alors affecté, aussi le sommeil avait-il fui mes paupières.

« Aujourd'hui tout est heureusement terminé et les finances de
« la ville sont en assez bonne situation. C'est donc, M. le Préfet,
« un moment propice pour me retirer, je vous supplie de me le
« le permettre et de joindre ainsi ce nouvel acte de bienveillance
« et de bonté à ceux sans nombre dont vous avez bien voulu me
« combler jusqu'ici.

« Je quitte le pouvoir sans rancune aucune contre personne, et
« si, dans ma retraite, je pouvais être de quelque utilité à mon
« successeur, je ne lui refuserais ni mes conseils, ni mes faibles

« services. En un mot je n'ai qu'un regret, M. le Préfet, c'est de
« voir cesser entre nous les relations que vous m'avez toujours
« rendues agréables. »

M. le Préfet n'ayant pu obtenir que M. Loye retirât sa démission de ses fonctions de maire, confia, par intérim, la direction des affaires municipales à M. Contal, premier membre du conseil, et il en donnait avis à M. Loye par une lettre du 13 août 1846, en ajoutant : « Chacun dans les Vosges connaît quelle profonde esti-
« me j'ai toujours professée pour votre caractère et pour les excel-
« lents services que depuis nombre d'années vous rendez à la
« chose publique. »

Le 30 du même mois, des élections rappelaient à une grande majorité et en tête de la liste, M. Loye dans le sein du conseil municipal. M. le Préfet vit dans cette circonstance l'occasion d'insister de nouveau près de lui pour lui faire reprendre l'écharpe municipale ; il lui témoigna sa vive satisfaction de sa réélection dès le 2 septembre : « Vos concitoyens, lui disait-il, ont
« prouvé par là qu'ils savent apprécier et vos excellentes qualités
« et les services éminents que vous avez rendus à la ville. Je vous
« en fais mes sincères félicitations.

« Personne mieux que vous ne connaissant les besoins et les
« ressources de la ville de Bruyères et n'étant en état d'en diriger
« l'administration, je viens vous engager à reprendre vos fonctions
« de maire, c'est aussi le vœu de vos concitoyens ; je vous serais
« reconnaissant d'y accéder et de me mettre ainsi à même de réor-
« ganiser de la manière la plus convenable la mairie de Bruyères.

« *P. S.* Je vous prie avec instance de rester avec moi. »

La mairie de Bruyères était en effet désorganisée, car M. Léonard adjoint, avait, comme M. Loye, donné sa démission depuis le mois de juillet et il n'était pas remplacé.

M. Contal, maire par intérim, joignait ses efforts à ceux de M. le Préfet ; il lui écrivit le 4 septembre au sujet des élections qui venaient d'avoir lieu : « La nomination de M. Loye a répandu la satisfaction la plus vive dans toute la commune. Les habitants en très grand nombre se sont portés à son domicile, soit par groupes, soit individuellement pour le prier de se rendre au vœu général en reprenant l'administration de la commune. »

M. Loye aimait la popularité sans trop la rechercher ; une manifestation légale, telle que l'élection des conseillers municipaux, était pour lui un acte décisif ; quand il vit son nom sortir le premier de l'urne comme autrefois, il crut à la voix du peuple comme à celle de Dieu ; il retira sa démission ; M. Léonard aussi réélu membre du conseil municipal l'imita, et tous deux furent rappelés à la direction des affaires communales et installés dans leurs fonctions le 10 septembre 1846.

A cette occasion, M. Loye disait à ses collègues réunis à l'hôtel-de-ville :

« En consentant à reprendre les fonctions de maire, j'ai consulté
« bien moins mes forces que ma bonne volonté. Une coopération
« active et efficace de votre part m'est de toute nécessité pour ac-
« complir une tâche dont mon âge et mes infirmités aggravent
« encore le poids ; j'ose espérer que vous ne me la refuserez pas et
« que, au contraire, je trouverai toujours en vous un concours
« bienveillant. Je propose de voter des remerciments à M. Contal
« pour l'activité, le zèle et le dévouement qu'il a déployés dans
« l'intérim qu'il vient de remplir. »

Six mois plus tard, le 18 mars 1847, M. Loye ne pouvait plus supporter le poids des affaires ; sa bonne volonté, la voix du peuple ne lui rendaient pas son activité d'autrefois et ne pouvaient le rajeunir ; son courage aussi était descendu au niveau de ses forces. Il se retira définitivement pour vivre un peu avec lui-même, selon son expression.

Dans une lettre d'adieux officiels du 21 mars 1847, M. de la Bergerie, préfet des Vosges lui disait : « Il faut aimer ses amis pour

« eux-mêmes et je me résigne à une séparation qui, je l'espère
« bien, ne sera entre nous qu'officielle, car je tiens trop aux liens
« d'estime et d'affection établis entre nous pour les laisser s'affai-
« blir en quoi que ce soit.

« Agréez donc, Monsieur et très-bon sous-préfet et très-bon
« maire, l'expression de mes regrets et de mes sentiments recon-
« naissants et dévoués.

« Le Préfet des Vosges, R. DE LA BERGERIE. »

En lisant cette lettre, on se reporte tout naturellement aux preuves d'affection et d'estime que le maire de Bruyères, le sous-préfet de St-Dié, le quartier-maître du 29ᵉ a reçues pendant sa longue et honorable carrière, non seulement de ses subordonnés, mais de ses égaux et de ses supérieurs ; on se rappelle les termes affectueux dans lesquels MM. les Préfets des Vosges lui écrivaient depuis 25 ans et les lettres qu'il recevait en 1815 de ses anciens colonels.

M. Loye eut en effet un rare bonheur durant toute son existence militaire et administrative ; il fut non seulement apprécié, aimé et estimé, mais il en reçut des marques éclatantes à différentes époques, il n'a pas eu à se plaindre d'avoir fait des ingrats, partout la reconnaissance a suivi ses bienfaits.

Ce concours heureux de circonstances a dû contribuer à former son caractère si affable, si bienveillant, d'un abord facile, d'une exquise politesse.

Il eut pour successeur dans les fonctions de maire M. F. Grandferry, fils, qui les remplit deux ans.

A dater du mois de mars 1847, le nom de M. Loye ne figure plus dans les affaires communales ; pendant un an il n'y prend aucune part ; réélu conseiller le 28 mars et le 30 juillet 1848, son courage semble renaître à la nouvelle des grands événements qui viennent de s'accomplir et en vue de la situation qu'ils ont faite à la France ; il sent que sa présence est redevenue utile au sein du conseil municipal, il y paraît exactement pendant une année ; il croit sa tâche terminée après la délibération du 31 mars 1849 qui rejette l'offre faite par l'hospice de Bruyères à la ville pour qu'elle prenne à sa charge exclusive les écoles de filles. Le 25 juin suivant, le lendemain du jour où le conseil municipal était revenu sur cette délibération par une décision contraire, M. Loye se démit de ses fonctions de membre du conseil municipal. Un mois plus tard, il est réélu en tête de la liste ; il n'accepte plus son mandat non plus qu'aux élections du 3 février 1850 qui le portent de nouveau.

C'est ainsi qu'il se retira des affaires au grand regret des administrés qui auraient voulu l'y conserver toujours, comme MM. les Préfets des Vosges auraient désiré l'avoir toujours pour diriger soit la sous-préfecture de St-Dié soit la mairie de Bruyères.

M. Loye travailla six mois au classement des archives de la mairie de Bruyères et il en dressa de sa main un inventaire qui fut clos le 3 janvier 1847. Cet acte révèle tout le soin qu'il apportait dans le maniement des affaires ; les documents antérieurs à 1790 y forment une première catégorie, ceux d'une date postérieure sont classés par ordre de matières d'une manière détaillée qui rend les recherches très-faciles.

Ainsi, devenu septuagénaire, M. Loye avait conservé l'ordre et la méthode qui avaient présidé à tous ses actes pendant plus d'un demi siècle, depuis le compte historique et politique qu'il dressa en l'an VII, de l'administration municipale, jusqu'aux comptes de sa gestion du 29e de ligne, de la légion de la Haute-Saône et l'inventaire des archives de la sous-préfecture de Saint-Dié, tous écrits de sa main.

Après sa sortie de Saint-Dié qui remontait à 10 ans, il avait conservé de nombreux amis avec lesquels il entretenait une correspondance très-affectueuse et très-intime que l'on est heureux de lire. C'étaient entre autres l'honorable président M. Febvrel, son ancien voisin, le digne et regretté M. de Zincourt, mort depuis conseiller à la cour impériale de Nancy, M. et Mme Guye, M. Paul Lehr, M. le docteur Jacquot, etc., etc. De 1843 à 1845, il entretint quelques relations avec M. E. de Bazelaire attaché au ministère de la justice, qui l'aidait dans ses demandes de secours pour la construction de l'église de Bruyères et avec M. Ed. Berger qui, auparavant, avait contribué si activement en sa qualité de secrétaire-général de la préfecture des Vosges, à la création de la salle d'asile de Bruyères.

M. Loye, dans sa retraite, ne fut cependant pas aussi tranquille et aussi heureux qu'il l'avait espéré. Il rendait d'utiles services à la nouvelle administration municipale qui en 1849 et postérieurement, se faisait un devoir de le consulter sur les projets et sur les améliorations qu'elle avait en vue et dont elle a pu réaliser une partie. Cette participation posthume de M. Loye pourrait bien avoir contribué à l'impliquer dans le débat dont nous allons nous occuper.

Il vient un moment dans la vie où l'on est plus sensible qu'on ne voudrait se l'avouer. Après de longues années de travaux et de succès, quand on a des titres incontestables à l'estime et à la reconnaissance de ses contemporains, et que l'on se croit oublié, méconnu par les générations nouvelles, l'âme la mieux trempée ne peut se défendre d'un sentiment de tristesse. Prenons garde dans le rôle d'historien de ne toucher qu'avec les plus grands ménagements à ceux qui nous ont précédés dans la carrière où nous entrons et que nous parcourons après eux; même s'ils venaient à faiblir, ils n'en méritent pas moins, vivants ou morts, nos égards et nos respects. Cela soit dit comme une exorde des faits suivants :

En 1742 et en 1755, M. le comte de Girecourt, fondateur de l'hospice de Bruyères, y établit à perpétuité une école gratuite pour les filles qu'on y enverrait, et les dames sœurs hospitalières de saint Charles de Nancy s'obligèrent à fournir outre les sœurs nécessaires à l'hospice, une autre sœur pour tenir cette école moyennant un fonds de 3,000 fr. de Lorraine versés par le bienfaiteur.

Il faut dire tout d'abord que l'hospice n'appartenait pas exclusivement à Bruyères, mais bien aux 54 communes qui composaient l'ancien baillage de cette ville. Cet établissement situé sur la place Doron était devenu trop étroit en 1774; il en fut construit un monumental et fort beau à l'extrémité sud-est de la ville dans une situation salubre et agréable. Les conventions intervenues entre M. le comte de Girecourt et les dames de saint Charles furent exécutées jusqu'en 1790, époque à laquelle celles-ci furent, par force majeure, mises dans l'impossibilité de continuer l'école de l'hospice qui resta fermée pendant plus de 50 ans.

Sur la demande de l'administration municipale dirigée par M. Loye, et par arrêté du 24 mars 1827, M. le Préfet ordonna le rétablissement de l'école gratuite des filles à l'hospice de Bruyères et prescrivit le maintien de celle que la sœur Roch de la doctrine chrétienne dirigeait en ville, hors de l'hospice et moyennant rétribution ; il s'ensuivit un règlement municipal d'après lequel chaque sœur devait avoir dans son école moitié des élèves de la ville.

Par délibération du 17 mars 1849, la commission hospitalière de Bruyères offrit de verser annuellement dans la caisse communale une somme de 500 fr. pour exonérer l'hospice de l'école des filles qui serait désormais à la charge exclusive de la ville. Le conseil municipal rejeta cette proposition le 31 mars suivant ; M. Loye prit part à cette décision. Le 16 juin même année, M le Préfet saisi de cette affaire décida, sur l'avis conforme du comité d'instruction primaire de l'arrondissement d'Epinal, qu'il y avait lieu de la part de l'hospice de Bruyères de n'entretenir dans son sein qu'une seule école et une seule sœur institutrice, sauf à la ville de Bruyères à aviser aux moyens d'assurer l'instruction des jeunes filles du lieu qui ne pourraient être admises dans cette école par l'administration de l'hospice.

Cette affaire paraissait donc terminée lorsque, sept jours plus tard, le conseil municipal revenant sur sa délibération du 31 mars et sur les actes qui en avaient été la conséquence, accepta l'offre faite le 17 mars par la commission de l'hospice, et le 27 juin, M. le Préfet approuva cette délibération ; en conséquence, les écoles de filles furent installées dans l'ancien hospice, sur la place Doron.

On put croire encore que ce long différend, cause de discorde à Bruyères, avait pris fin ; mais il n'en fut pas ainsi. Les mutations survenues dans le personnel du conseil municipal amenèrent surtout à cette époque de mouvement politique, un changement dans les opinions en matière d'administration communale.

Le 6 mars 1850, M. le Préfet assista à Bruyères à une séance des commissions municipales et hospitalières réunies par ses ordres, et dans laquelle le conseil municipal demanda à l'unanimité le rapport de l'arrêté préfectoral du 27 juin 1849 et le rétablissement de l'école gratuite des filles à l'hospice.

Le débat prenait ainsi de grandes proportions ; une brochure fut publiée en 1850 par le secrétaire de la commission hospitalière avec la collaboration de ses collègues.

M. Loye qui y était nommé et à qui on reprochait d'avoir fourni dans cette affaire une page de plus à l'histoire des variations de l'esprit humain, se défendit victorieusement de cette attaque dans une autre brochure.

Le conseil municipal se pourvut au ministère et obtint le 25 décembre 1850, le rapport de l'arrêté du 27 juin 1849. Néanmoins, l'école ne fut pas rétablie à l'hospice; la ville de Bruyères qui n'était pas intervenue et n'avait pas figuré dans les actes de 1742 et de 1753 n'avait aucun moyen légal pour contraindre l'administration de l'hospice à leur exécution. Elle-même était tenue au contraire à établir et à entretenir une école de filles en vertu de la loi du 28 juin 1833 et de l'ordonnance du 16 juillet suivant.

Le 7 mars 1854, la commission administrative de l'hospice éleva à 400 fr. par an l'offre qu'elle avait faite auparavant pour que la ville de Bruyères se chargeât des écoles de filles ; le 10 du du même mois le conseil municipal accepta cette offre, et par arrêté du 23 mars, M. le Préfet des Vosges approuva cette transaction définitive.

Le nombre des malades et celui des élèves s'étant accru avait déjà nécessité en 1774 la construction d'un hospice plus étendu et l'abandon de l'ancien. La ville devait donc subvenir à l'instruction des filles qui ne pouvaient la recevoir de la sœur institutrice de l'hospice ; c'est ainsi qu'il avait été équitablement décidé en 1827 et le 16 juin 1829 par M. le Préfet. Mais cette division des écoles de filles avait de grands inconvénients dont le principal était d'être l'une gratuite et l'autre avec rétribution, et d'un autre côté les lois sur l'instruction primaire des 28 juin 1833, 15 mars 1850 et le décret du 31 mars 1853 imposaient à la ville de Bruyères des obligations qui n'auraient pu être remplies désormais, ou auraient été méconnues par le maintien de toute l'école des filles à l'hospice dans les termes restreints des actes de bienfaisance du fondateur de cet établissement. Il fallait en sortir et l'on ne pouvait mieux faire en 1854 que d'accepter l'offre de l'hospice. Les temps étaient changés et M. le comte de Girecourt eût été le premier sinon à proposer une transaction, du moins à l'accepter.

C'est ainsi d'ailleurs que son digne héritier M. le comte de Bourcier de Villers, près de qui des démarches furent faites vers 1849 ou 1850, appréciait cette affaire dans laquelle il refusa avec raison d'intervenir personnellement.

M. Loye était donc partisan du maintien de l'école des filles à l'hospice ; il l'a toujours regardé comme un engagement sacré, inviolable et ayant un caractère particulier d'irrévocabilité et voici quels étaient ses projets dans ce but.

Il avait offert pour tout concilier une somme de 4,000 fr. de capital ou de 200 fr. de rente annuelle à l'hospice à la condition qu'il y aurait eu deux classes élémentaires tenues par trois sœurs dont l'une, en acquit de la fondation de M. de Girecourt et les deux autres entretenues tant par la ville que par la fondation de 4,000 fr. Cette offre, considérée comme insuffisante ne fut pas acceptée.

Le débat que souleva cette affaire et la publicité qu'il reçut par la brochure de la commission hospitalière causèrent du chagrin à M. Loye ; sa susceptibilité en fut affectée, et il s'en plaignit avec amertume en terminant la réponse qu'il publia. Mais hâtons-nous de dire qu'après cette polémique le calme de son existence ne fut plus troublé par aucun événement extérieur.

Quelques-unes des correspondances de M. Loye méritent une mention toute spéciale, tant à cause de leur longue durée que de leur importance et du rang élevé des personnages avec qui il les entretenait et qui sont : M. A. Doublat, M. le comte Henri Siméon, ancien préfet des Vosges, M. Didelot, procureur-général à Bourges, tous les trois députés des Vosges et Mgr Dupont, ancien évêque de St-Dié, puis archevêque d'Avignon, enfin cardinal-archevêque de Bourges.

M. Loye entra en relation avec M. Doublat en 1831 ; influent près des électeurs censitaires, il contribua à le faire élire député en 1835, quand M. Vaulot cessa de se porter candidat aux élections suivantes.

M. Doublat tenait soigneusement M. Loye au courant des affaires et des débats de la Chambre et faisait à Paris dans les administrations centrales d'utiles démarches en faveur des nombreux protégés de son vieil ami. Les dernières lettres de M. Doublat à M. Loye sont datées de 1846, mais comme ils se sont trouvés postérieurement voisins pour ainsi dire, leurs entrevues amicales se sont continuées jusqu'à la mort de M. Loye.

On n'a pas oublié que c'est à M. Vaulot qu'on doit d'avoir eu M. Loye pour sous-préfet de Saint-Dié et à son gendre M. Doublat de l'y avoir conservé jusqu'en 1837.

La plus longue et la plus volumineuse correspondance de M. Loye est celle qu'il a maintenue avec M. le comte Henri Siméon de 1830 à 1852, indépendamment de leurs rapports officiels dont il a été parlé plus haut.

Par sa position élevée comme Préfet, puis député et directeur-général des tabacs, M. Henri Siméon qui aimait beaucoup les Vosges, auxquelles il n'a appartenu que par ses fonctions, et qui y a fait tant de bien, était un intermédiaire très-utile à M. Loye pour obtenir du gouvernement des emplois, des faveurs et des grâces au profit de ses protégés, des secours pour les communes qu'il administrait; de son côté M. Loye était le grand électeur du député vosgien. Les relations de ces deux hommes pendant vingt années nous les montrent tels qu'ils étaient, toujours occupés à faire le bien, à soulager la misère et l'infortune.

M. le comte aimait tout particulièrement M. Loye et lui écrivait le 8 décembre 1841 : « Si je n'étais un bourgeois de Paris je vou-
« drais être un bourgeois de Bruyères pour vivre sous vos lois, »
et le 4 août 1850 : « J'ai eu dans les Vosges de bons et nombreux
« amis parmi lesquels je vous place et vous placerai toujours au
« premier rang. »

La correspondance de M. Loye avec M. Didelot fut de peu de durée ; mais elle n'en produisit pas moins des résultats très-avantageux, entre autres l'obtention des lots pour la loterie des dames de charité de Bruyères, d'une somme pour la reconstruction de l'église et d'autres pour le bureau de bienfaisance, pour l'hospice, pour procurer du travail aux ouvriers indigents, pour la commune de Fiménil qui venait d'acheter une maison d'école, etc., etc. ; enfin c'est par les démarches de cet honorable député que le beau tableau de Saint-Pierre-ès-liens fut accordé à M. Loye pour l'église de Bruyères.

L'apôtre y est représenté dans sa prison au moment où l'ange illuminant ce lieu obscur, touche le captif, l'éveille et brise ses chaînes par la parole.

Les événements de février 1848 enlevèrent à M. Didelot les hautes fonctions qu'il occupait et mirent fin aux bienfaits qu'il répandait avec bonté sur ses compatriotes qui avaient recours à lui.

Mgr Dupont fut évêque de Saint-Dié de 1831 à 1835 ; dès le début de leurs relations officielles, ce prélat, avec le tact de l'exquise politesse qui le caractérisait sut apprécier le sous-préfet, il reconnut en lui la sagesse du magistrat et la probité de l'homme bien élevé, et il aimait à lui dire en l'invitant à l'évêché : « Vous « savez que les moments passés avec vous sont toujours pour moi « des moments de satisfaction... Je suis toujours charmé de vous « posséder, j'y trouve un avantage que je sais apprécier, vous êtes « attendu, ne manquez pas, venez, venez. »

Leur séparation fut pénible, ils étaient faits pour se voir plus longtemps, ils se promirent une amitié durable et ils tinrent parole.

En 1850, Son Eminence Mgr Dupont, devenu archevêque de Bourges fut envoyé à Gaëte auprès du Souverain Pontife Pie IX, qu'il décida à rentrer à Rome. Dès que M. Loye fut informé du résultat de cette mission, il écrivit à l'heureux cardinal : « Il vous a « été donné, Monseigneur, d'accomplir avec succès l'une des plus « hautes missions qui aient été confiées à l'homme; aussi le nom de « Votre Eminence restera-t-il désormais intimement lié à la rentrée de Sa Sainteté Pie IX dans Rome et sera-t-il glorifié et béni « par tous les peuples de la chrétienté. »

Ces sentiments religieux comme ceux que M. Loye, sergent au 29e régiment de ligne, adressait de Rome à ses parents en parlant de Pie VII, quarante-trois ans auparavant, expriment la vénération qu'il a professé toute sa vie pour le chef de la catholicité. Ajoutons entre ces deux témoignages qui pourraient paraître isolés comme ayant eu lieu à des époques fort éloignées l'une de l'autre, une grande marque de déférence et de respect de M. Loye pour le haut clergé, c'est la belle réception officielle qu'il fit à Bruyères à Mgr Jacquemin, évêque de St-Dié, qui vint le 26 mai 1827 y administrer le sacrement de confirmation.

Libre de toute occupation étrangère et retiré définitivement des affaires auxquelles il avait pris une part très-active pendant 60 ans (de 1790 à 1850), M. Loye s'occupa de la recherche de tous ses parents collatéraux paternels et maternels : ceux-ci lui étaient connus pour la plupart, ils descendaient de ses trois oncles Jean Moulin, Jean-François Moulin, Georges Moulin et de sa tante Marie-Anne Moulin, presque tous habitaient les communes de Charmois-devant-Bruyères, Aydoiles et Fontenay. Il en dressa exactement la liste suivant les degrés de parenté.

Quant aux collatéraux paternels, ils se divisaient en trois branches : la première composée des descendants de deux grands oncles de M. Loye, François et Claude-Nicolas Loye ; ils habitaient presque tous le canton de Bruyères et la commune de Charmois, la seconde formée des descendants de Barbe Loye, tante de M. Loye et la troisième de ceux de Jean Loye son arrière grand-oncle.

Les parents de ces deux dernières classes étaient disséminés dans un grand nombre de communes des Vosges, et à raison de leur degré éloigné la recherche en fut longue. M. Loye s'en occupa de 1850 à 1853 ; il écrivit à cet effet dans plus de vingt communes pour y réclamer des copies des actes de l'état-civil afin d'établir complétement la filiation; il mit à rechercher des parents qui devaient être un jour ses héritiers, autant de patience et de persévérance qu'en mettent à la découverte d'une succession illusoire quelques malheureux trompés par les fallacieuses promesses d'un chevalier d'industrie.

Chaque fois qu'il apprenait l'existence d'une personne du nom de Loye dans une commune, il écrivait au maire et lui demandait les renseignements nécessaires pour s'assurer si elle était de sa famille. Il agissait de même pour vérifier les nombreuses réclamations qui lui étaient adressées par de prétendus parents qui le savaient riche et à la recherche d'héritiers.

On comprend dès lors tout le travail qui, occasionnèrent à M. Loye les démarches inusitées auxquelles il s'était livré. Il eut toujours soin de faire connaitre aux prétendants s'ils étaient de sa famille ou non.

Un jour, au mois de mars 1852, il écrivit la lettre dont voici copie à M. Loye fils, marchand de fromages, rue Pavée, n° 8, à Paris:

« Monsieur, je suis occupé de la formation de l'arbre généalogi-
« que de ma famille, et je n'ai pu encore achever ce travail, parce
« que j'ignore ce que sont devenus plusieurs de mes oncles, frères
« de feu mon père. Je vois par la liste des deux jurys de Paris,
« publiée il y a quelques jours dans le *Journal des Débats*, que vous
« êtes l'un de mes homonymes et peut-être auriez-vous pour as-
« cendant un de mes oncles.

« Dans cette incertitude, je viens vous prier d'être assez bon
« pour me faire connaitre les noms et prénoms de votre père et de
« vos aïeux ainsi que le lieu de leur naissance, je vous aurais une
« obligation pour cet acte de complaisance de votre part. »

Le juré parisien ne voyant pas dans cette lettre le but de la démarche de M. Loye, crut probablement avoir affaire à quelque provincial à la recherche d'un oncle d'Amérique et de sa succession, il ne répondit pas.

M. Loye n'avait pas attendu que tous ses parents lui fussent connus pour venir au secours de ceux qui étaient dans le besoin et qui s'adressaient à lui depuis longtemps, le visitaient et en recevaient des marques de libéralité.

Mais après la confection de son arbre de ligne, le nombre des demandes s'accrut, plusieurs de ceux qui n'avaient rien espéré en raison de leur parenté trop éloignée firent connaissance, vinrent à Bruyères, et si leur conduite était bonne, la bourse du patriarche de la famille s'ouvrait toujours pour eux.

Cependant les années s'accumulaient sur la tête de M. Loye, et, malgré la force de son tempérament, la caducité s'approchait ; il fut atteint en 1855 d'un ramollissement du cerveau, suite des longs travaux et des grandes préoccupations qui avaient composé son existence. Les soins intelligents et assidus que lui prodigua M. le docteur Didiergeorges le maintinrent durant plusieurs années dans un état supportable ; il ne se plaignait pas, il aimait au contraire à se féliciter du reste de santé dont il jouissait. Le 20 janvier 1858, il reçut la médaille de Sainte-Hélène, cette décoration vénérable donnée par S. M. l'Empereur Napoléon III à tous les glorieux débris militaires du premier empire. Comme un bon chrétien qui, au terme de sa carrière, s'apprête à paraître devant Dieu, il accomplissait ses devoirs religieux avec une exactitude scrupuleuse. Enfin le 6 novembre 1860, il expirait à l'âge de 83 ans, 1 mois, 20 jours.

M. Ch. Charton d'Epinal, ancien chef de bureau de la préfecture des Vosges qui a si bien connu M. Loye et tous les maires de l'arrondissement d'Epinal pendant plus de 30 ans, s'exprimait ainsi dans l'*Impartial de la Meurthe*, du 27 novembre 1860, en rendant compte de ce décès :

« M. Loye était modeste, ami sûr et obligeant, probe, charitable,
« aimant à répandre autour de lui les bienfaits que lui permettait
« une honnête fortune. Sa mort a excité de vifs regrets dans tous
« les rangs de la société. Les habitants de Bruyères et des villages
« voisins, où il comptait de nombreux amis, se sont fait un devoir
« d'assister à ses funérailles, la compagnie des sapeurs-pompiers
« de Bruyères en grande tenue, lui a rendu les honneurs funèbres,
« et M. Humbert, maire de la ville, a payé sur sa tombe, au nom

« de la population tout entière, un dernier tribut de reconnais-
« sance à cet homme de cœur et de bien dont il s'est plu à rap-
« peler les travaux désintéressés et les éminents services. »

Voici le discours prononcé par M. Humbert :

« La foule qui se presse silencieuse et recueillie autour de ce
« cercueil que la tombe doit bientôt refermer, nous démontre qu'un
« événement des plus graves vient de s'accomplir.

« En effet, la perte d'un homme de bien ne peut que produire
« sur nous une très grande impression; aussi, comprenons-nous
« l'attitude des habitants de Bruyères qui ont conservé le souvenir
« des bienfaits dont ils ont été comblés. Leur pieuse reconnaissance
« accompagne celui qui consacra à sa ville natale ses soins et ses
« veilles. Je voudrais pouvoir citer ici tous les actes qui ont fait sa
« grandeur. Je dirai seulement que Jean-Baptiste Loye fut l'enfant
« de ses œuvres et qu'il ne dût qu'à son opiniâtreté au travail, à sa
« force de volonté, à la droiture de sa conscience, les positions éle-
« vées qu'il occupa et dont il ne s'enorgueillit jamais.

« Les quelques connaissances superficielles qu'il avait d'abord
« acquises à l'école primaire lui firent comprendre l'immense la-
« cune laissée dans son instruction ; il sut la combler rapidement
« par ses efforts incessants et sans la direction d'un maître autre
« que son aptitude.

« Enrôlé dans la légion des Vosges, il n'y fut pas longtemps
« sans attirer l'attention de ses chefs qui surent l'apprécier. Il par-
« vint au grade de quartier-maître qu'il remplit avec distinction.
« Les décorations de la Légion d'honneur et de Saint-Louis furent
« la juste rémunération de ses longs et loyaux services.

« Après la liquidation de sa pension de retraite, Jean-Baptiste
« Loye rentra parmi ses concitoyens et immédiatement la direction
« de l'administration municipale lui fut confiée. Il nous serait bien
« difficile de rappeler ici le nombre et l'importance des services
« qu'il rendit à notre ville. Partout on remarqua les traces des

« bienfaits de son passage aux affaires, notamment dans les res-
« sources qu'il a crées pour l'avenir en boisant des montagnes in-
« cultes et en rendant viables des chemins jusqu'alors impratica-
« bles.

« En 1830, le chef de l'Etat, connaissant sa haute capacité, l'ap-
« pela aux fonctions de sous-préfet de l'arrondissement de Saint-
« Dié.

« Pendant sept années, administrateur habile et infatigable, il
« sut imprimer aux affaires de son ressort une marche dont on
« conserve encore le souvenir. Des fatigues intellectuelles long-
« temps ressenties obligèrent Jean-Baptiste Loye à se démettre de
« ses fonctions de sous-préfet. Mais, rentré à Bruyères, il consacra
« de nouveau à sa chère ville les heures qu'il devait employer au
« repos. Elevé une seconde fois à la mairie, ce fut sous son admi-
« nistration et grâce à sa puissante initiative qu'on vit bâtir une
« église réclamée par les besoins de la population. J'acquitte ici une
« dette à la reconnaissance en me faisant l'écho de mes concitoyens
« et en élevant ma faible voix au milieu d'eux pour exprimer mes
« regrets sur la tombe de ce bienfaiteur que la mort nous a en-
« levé, mais dont le souvenir sera toujours religieusement conservé
« parmi nous.

« C'est vous seul, mon Dieu, qui pouvez récompenser cette vie
« si bien remplie et placer cette belle âme au nombre de vos élus
« dans le ciel.

« Adieu, cher et regretté concitoyen, reposez en paix. »

Ces paroles de pieuse gratitude ne pouvaient être mieux placées
que dans la bouche de M. Humbert.

Les dispositions testamentaires de M. Loye sont écrites en entier
datées et signées de sa main ; elles sont des 3 mai 1855, 28 avril
1857 et 25 octobre 1860 ; elles portent :

Institution de M. l'abbé Divoux son parent, curé de la Houssière, légataire universel de tous les biens meubles et immeubles qui seront délaissés par M. Loye au moment de son décès.

Legs de 1,000 fr. à la fabrique de Bruyères, à charge 4 messes hautes du Saint-Sacrement chaque année.

Legs de 200 fr. à la fabrique d'Aydoiles, lieu de naissance du père du testateur.

Legs de 200 fr. à la fabrique de Charmois lieu de naissance de la mère du testateur, à charge de deux messes hautes annuelles dans chacune des deux paroisses.

Legs de 3,000 fr. au bureau de bienfaisance de Bruyères.

Legs de 5,000 fr. à l'hospice établi à Bruyères pour la création d'un nouveau lit.

Legs de 4,000 fr. à Barbe Pano, son ancienne domestique.

Legs de 1,500 à Mme Georgel, domestique.

Legs de 1,500 fr. à Antoinette Maurice aide-domestique.

Legs de 100 fr. : 1° aux sapeurs-pompiers, 2° à la congrégation des hommes, 3° à la congrégation des demoiselles de Bruyères.

Enfin legs de mobilier et de bijoux à deux filleuls : Jean-Baptiste Hacquard et Alfred Loye.

La nomenclature de ces actes de libéralité nous fait voir que M. Loye jouissait encore dans ces derniers jours, malgré les infirmités et la vieillesse de toutes ses facultés intellectuelles, et que, comme autrefois, il n'oubliait rien et faisait bien ce qu'il faisait.

M. l'abbé Divoux, chargé de leur exécution, était, depuis plus de 20 ans, l'ami de M. Loye; il avait, en 1834 et 1835, obtenu, par l'intermédiaire du bon Sous-Préfet de Saint-Dié, des secours pour la construction de l'église et du presbytère de la Houssière, et il en avait témoigné sa gratitude d'une manière telle que M. Loye le jugea digne de le représenter après sa mort, et de terminer l'œuvre de bienfaisance dont son testament était l'expression. Le 11 décembre 1857, il le chargeait comme fondé de pouvoir de l'administration de tous ses biens, de la gestion de toutes ses affaires. Le mandataire s'acquitta avec soin et délicatesse de cette mission, et après le décès de M. Loye, il régla avec le concours intelligent de M⁰ Petitjean, notaire à Bruyères, choisi à cet effet par le défunt, toutes les affaires de la succession. Les précautions prudentes qu'ils prirent leur permirent de sortir sans embarras de cette liquidation épineuse. Qu'on se figure une somme de 85,000 fr. à distribuer à 158 héritiers, dont 54 dans la ligne maternelle, 92 dans la ligne paternelle et 12 figurant dans les deux lignes, domiciliés dans plus de 20 communes des Vosges, ayant des droits différents plus ou moins étendus, suivant qu'ils appartenaient à un degré de parenté plus ou moins rapproché de leur bienfaiteur qui les appelait tous, et admettait la représentation à l'infini en faveur des descendants.

Moins d'un an après la mort de M. Loye, la somme à répartir était réalisée entre les mains des ayants droit dont peu étaient dans l'aisance, beaucoup dans le besoin, plusieurs indigents ; ils ne s'étaient jamais vu autant d'argent en leur possession; aussi bénissaient-ils presque tous la mémoire de leur bon parent en la personne de son représentant.

Outre l'acquittement des legs détaillés plus haut et le versement de 85,000 fr. aux héritiers de M. Loye, l'exécuteur testamentaire a payé à l'enregistrement pour droit de mutation plus de 11,000 francs, non compris l'enregistrement des testaments, frais de scellés, inventaires et autres, inévitables en pareille occurrence ; chose rare et qu'il faut citer, aucune contestation n'est venue troubler le bonheur répandu par M. Loye sur les 138 membres de sa famille. Qu'il y a loin de sa conduite à celle de l'homme riche qui, oubliant de nombreux parents pauvres, lègue, par un caprice peu charitable, toute sa fortune à un seul étranger qui pourrait vivre à l'aise en s'en passant.

M. Loye, d'une taille droite et au-dessus de la moyenne, le visage plein et régulier, portait dans ses traits le cachet de cette douce et bienveillante fermeté qui ne se démentit jamais en lui.

Il ne s'est pas marié, et, comme Fontenelle l'a dit de Newton, peut-être n'a-t-il jamais eu le loisir d'y penser ; en effet, il contracta de bonheur des habitudes qui firent le charme de sa vie, le rendirent extrêmement utile et procurèrent tant de bien dans des différents postes qu'il occupa pendant un demi siècle; on peut dire que la loi du travail a dominé son existence avec l'autorité d'un devoir et la douceur d'une habitude.

On s'étonnerait de son activité si l'on ne songeait qu'il donnait tout son temps aux affaires. D'autres certainement furent plus habiles, mais, à coup sûr, nul ne fut plus franc ni plus désintéressé et ne se fit plus chérir ; suivant l'expression d'un de ses colonels, il rendait heureux ceux qui l'entouraient.

C'était une de ces personnalités sympathiques qu'on se plaît à rencontrer dans le maniement des affaires et qui commandent la confiance par la sûreté de leur commerce, la loyauté de leurs vues comme par leurs sentiments et leur amour du bien. Dans toutes les positions qu'il a occupées depuis celles de clerc de notaire et de commis-greffier dans sa jeunesse, celles de soldat et d'officier plus tard, celles de maire et de sous-préfet ensuite, il a su se concilier l'estime et la considération qui s'attachent toujours à l'honnête homme, mais aussi, c'est qu'il a travaillé avec persévérance et avec succès à l'œuvre des améliorations et du progrès commencée par ses devanciers et que ses successeurs continuent activement.

Il appartenait à cette classe trop peu nombreuse d'hommes forts et prudents qui ont vécu aux temps des révolutions, terribles foyers de doute et d'incertitude où la sagesse même vulgaire devient moins facile et plus insuffisante. Il ne fut pas un homme politique, mais il n'en fut que citoyen plus libre, fonctionnaire plus utile et moins suspect à tous les gouvernements qu'il servit avec un dévouement sans restriction. Il a conquis le succès par le travail, le pouvoir par la sagesse, et le respect de tous par le respect de soi-même.

Il eut le plus rare de tous les biens, selon l'expression de d'Aguesseau : l'amour de son état ; conséquemment, il eut le courage des choses utiles et fut toujours libre de cette vraie liberté qui est le mouvement sans entrave de la volonté dans le bien.

Cependant, son esprit n'avait pu se fortifier par ces belles humanités qui servent si bien dans la vie, au départ comme au retour. Mais l'esprit de conduite et le ferme bon sens ont réglé ses actions, le bon sens qui, après tout, comme le dit Bossuet, est le maître universel de la vie humaine.

Les infirmités lui arrivèrent avant l'âge, mais elles respectèrent son intelligence et ne changèrent rien à son ardeur pour le travail.

Il n'eut pas l'illusion commune à tant de vieillards de se croire toujours apte à la direction des affaires : il fut au contraire très-modeste et crut toujours le premier que le moment de la retraite était sonné pour lui, lors même que tout le monde le priait de conserver son poste, aux exigences duquel il suffisait encore largement malgré ses infirmités. M. A. Doublat, qui le connaissait si bien, lui écrivait le 10 août 1836 pour l'engager à rester sous-préfet : « Vous êtes du nombre de ceux qui ne sont jamais contents d'eux-mêmes, qui croient qu'ils ne font jamais assez bien, et cependant, qui pourra mieux faire que vous ? Personne, j'en suis convaincu. »

M. Loye ne fut pas seulement chrétien de nom et de par son baptême, mais il crut au dogme, suivit la morale et pratiqua le culte de la religion catholique ; il fut assez intelligent, assez expérimenté, éclairé et maître de ses passions pour s'occuper sérieusement en ce monde de l'autre vie : il écrivait le 7 avril 1836 à M. A. Doublat dans la circonstance que nous venons de rappeler : « J'ai songé que le moment était venu pour moi de ne plus m'occuper que de mes propres intérêts, ou, *si vous l'aimez mieux, du soin de mon salut.* » Aussi avait-il conservé religieusement les bonnes habitudes de son enfance. Son catéchisme de première communion recouvert en parchemin était encore entre ses mains, lorsque, devenu octogénaire, il s'en servait comme d'un guide sûr pour se préparer à la confession

Ne nous plaignons pas de n'avoir pas eu à parler d'un héros de l'épopée impériale. Si M. Loye eût été un guerrier, il n'aurait pas été plus tard un aussi bon administrateur civil.

Chez lui, la vie s'est éteinte par sa durée même, et comme nous l'avons dit en commençant, cette vie est un modèle ; ce n'est pas certainement qu'elle offre le spectacle émouvant de l'homme de bien aux prises avec l'adversité ; M. Loye a possédé au contraire, tout ce qui peut constituer sur cette terre le bonheur honnête et il a mérité d'en jouir. Pendant toute la durée de sa longue existence d'homme public et d'homme privé, il a recueilli en estime et en considération dans le monde, en cordiale sympathie parmi ses collègues, en activité et en tendresse parmi ses compatriotes à défaut de famille, en juste et respectable contentement de soi-même, les excellents fruits que peut produire une conduite réglée par la sagesse, par l'application aux devoirs, par la modération des désirs.

Il a fait de ses biens un usage tout à fait irréprochable, science bien rare qui se puise autant dans la droiture du cœur que dans la justesse de l'esprit. Il a évité dans sa jeunesse l'abus des plaisirs, d'où naît infailliblement la satiété, aussi mauvaise conseillère que la faim. Il a évité dans son âge mûr la vanité fastueuse qui dissipe les fortunes acquises par le travail, et la soif d'accumuler qui se prive d'en jouir pour les accroître, passions opposées trop souvent irrésistibles, qui toutes deux sont un égal fléau pour la famille et le juste objet de la dérision et du mépris parmi les hommes.

M. Loye s'est tenu à une égale distance de ces deux excès dans la région sereine des satisfactions honorables ; il a concilié une gestion sensée avec un noble usage de la fortune.

Nous éprouvons, en terminant, un contentement réel d'avoir pu parler aussi longuement de lui, pour le faire connaitre tel qu'il a été; mais nous resterions contristé de sa mort, si nous n'étions consolé par la promesse divine, et soutenu dans la foi religieuse de l'immortalité bienheureuse pour lui et pour tous les hommes de bien.

E. LAHACHE,
Juge de Paix à Xertigny.

ERRATUM

A la page 37, ligne 11, le mot *nationale* doit être remplacé par *nominale*, et la phrase doit être rectifiée comme suit :

Le 27 septembre suivant, une ordonnance royale érigea en chapelle nominale l'église de la commune de Rehaupal.

ETAT

DES SERVICES, DÉCORATIONS ET DISTINCTIONS

DE M. LOYE.

Dates.		Pages.
17 septembre 1777.	Naissance de M. Loye.	3
Janvier 1790.	Il est employé au greffe du tribunal du district de Bruyères.	4
21 mars 1794.	Il entre en qualité de clerc, chez Me Claudel, notaire à Bruyères.	4
17 novembre 1796.	Il est nommé commis greffier de l'administration municipale de Bruyères.	5
8 août 1799.	Il est incorporé comme conscrit au 1er bataillon auxiliaire des Vosges (29e de ligne).	5
28 août 1799.	Il est nommé sergent.	5
5 octobre 1803.	id. sous-lieutenant.	6
29 mars 1805.	id. quartier-maitre sous-lieut^t.	6
Décembre 1809.	id. quartier-maitre lieutenant, pour prendre rang du 9 février 1808.	7
17 décembre 1811.	Il est nommé quartier-maitre capitaine.	7
15 août 1814.	id. Chevalier de la Légion d'honneur, nommé provisoirement par le duc de Berry.	10
29 mai 1815.	Il est nommé Chevalier de la Légion d'honneur par l'Empereur.	8
1er avril 1816.	Il est mis en non activité au licenciement.	8
9 octobre 1816.	Il est nommé capitaine-trésorier de la Légion de la Haute-Saône.	10

Dates.		Pages.
9 septembre 1817.	Il est confirmé Chevalier de la Légion d'honneur, pour prendre rang du 15 août 1814.	10
18 octobre 1819.	Il est nommé chevalier de St-Louis.	10
14 juin 1820.	Il est retraité pour infirmités contractées au service.	11
29 septembre 1820.	Il est nommé maire de la ville de Bruyères, et en exerce 10 ans les fonctions.	12
27 avril 1823.	Il reçoit une médaille d'argent des incendiés de Bruyères.	17
23 novembre 1823.	Il est nommé commissaire spécial, pour la création de la route de Bruyères à Cheniménil.	20
25 mars 1825.	Il est nommé inspecteur des chemins vicinaux.	26
2 août 1829.	Il est nommé membre du conseil d'arrondissement.	27
5 novembre 1829.	La Société d'émulation des Vosges lui décerne une médaille d'argent pour reboisement.	28
9 août 1830.	Il est nommé commissaire-voyer pour surveillance des travaux sur les routes.	28
22 août 1830.	Il est nommé sous-préfet de l'arrondissement de Saint-Dié.	29
4 octobre 1837.	Il se démet de ses fonctions.	43
24 mai 1840.	Il est élu membre du conseil municipal de Bruyères.	44
21 août 1841.	Il est nommé maire de la ville Bruyères et en exerce les fonctions jusqu'en 1847.	47
10 novembre 1844.	Les habitants de Bruyères lui décernent une médaille d'or après la construction de l'église.	53

Dates.		Pages.
18 mars 1847.	Il donne la démission de ses fonctions de maire.	63
28 mars 1848.	Il est réélu membre du conseil municipal de Bruyères.	64
30 juillet 1848.	id. id. id.	64
25 juin 1849.	Il se démet de ses fonctions.	65
Juillet 1849.	Il est réélu membre du conseil municipal, il n'accepte plus.	65
5 février 1850.	id. id. id.	65
De 1850 à 1852.	Sa correspondance avec MM. A. Doublat, Henri Siméon, Didelot, députés et Mgr Dupont.	70
20 janvier 1858.	Il reçoit la médaille de Ste-Hélène.	75
6 novembre 1860.	Sa mort.	75
id.	Ses dispositions testamentaires.	77
id.	Son caractère. Réflexions.	79

Epinal. -- Typ. L. Fricotel.

www.ingramcontent.com/pod-product-compliance
Lightning Source LLC
LaVergne TN
LVHW050558090426
835512LV00008B/1222